絶滅危惧種だった大韓帝国

朝鮮半島を国連信託統治とせよ

安濃豊
❖あんのゆたか

展転社

序論

昭和六十年（一九八五）、米国陸軍の寒冷地理工学研究所（United States Army Corps of Engineers Cold Regions Research and Engineering Laboratory 略称CRREL）へ赴任する前（五月であったと思う）、私は内閣府を辞して母校である北大農学部の農業工学科に研究生として身を寄せていた。そこには李さんという北京大学から派遣されてきた留学生がいた。李さんは寒冷地の農業を学ぶために北大に留学していた。支那の領土は広大なのだが、そのほとんどが乾燥した砂漠と高地、寒冷地なのである。特に旧満洲は北海道以上に寒冷で、李さんは満洲に北海道の農業技術を移植させるために留学していた。ある日、李さんが不思議なことを呟いた。

「満洲には行きたくない」。

北大で学んだ技術を旧満洲に持ち込むために支那の国費で留学しているのに、帰国後に赴任予定地を変えるなどということが許されるはずがないと思ったが、李さんに満洲赴任を拒否したい理由を聞いてみた。その答えは、「満洲は朝鮮人が多いから嫌なのです」。なぜ朝鮮人を嫌うのか訊いてみると「あの人たちは、すぐにヒステリーを起こして暴力を振るうからです」。

その年の八月二十五日だったと記憶している。著者は成田から大韓航空を利用してソウル経由でＪＦＫへ向かった。なるべく渡航費を節約したかったからである。ソウルの空港では多くの韓国人が乗り込んできて、満席となった。なぜか家族連れが多く、中年のおばさんたちが大勢乗ってきた。著者の隣席は同年代の日本人だったので日本語で話をしていると、前の席に座っているおばさんが流暢《りゅうちょう》な日本語で話しかけてくる。

「あんたら日本の人かい、日本のどこから来たの」と訊くから「札幌です」と答えると「私のおじさんが芦別に住んでいるよ、札幌の近くだね。戦前に炭鉱夫として出稼ぎに行ったのさ」と言う。「おばさんはどうしてアメリカへ行くのですか」と訊くと、「息子夫婦が住んでいるから訪ねていく」と答えた。

観光ビザで入国してそのまま居残るつもりだという。そして、この飛行機に乗っている他のおばさんたちも、家族を頼って不法入国する人たちだという。韓国人は不法入国することに罪の意識はないようだ。通りで日本にも不法入国の韓国人が多いはずであると認識した。また、祖国愛とか愛国心とかというものがまったく欠如した人たちであることも認識できた。祖国を捨てることに何の躊躇《とまど》いも感じない人たちのようだ。

アラスカ上空に着く頃だった、通路がおばさんたちの寝姿で埋まってしまった。トイレへ立つにも、おばさんたちが通路で鼾《いびき》をかいて寝ているものだから、足の踏み場がないのである。ＣＡのお姉様が席に戻って寝るように注意するのだが、まったく聞く耳を持たない。ＣＡ自身が通路を行き来できないでいる。「どうせ死ぬときはみんな一緒よ」とおばさんが開き直っている。その光景を目の当たりに見た著者は、ここまで民度の低い人種をよくも大日本帝国は面倒を見ていたものだと感心せざるを得なかった。ルールや規則を守らない人種であることを悟った。

米国陸軍工兵隊寒冷地理工学研究所（ＣＲＲＥＬ）に赴任すると、そこにも韓国人がいた。金髪色白で美人の嫁さんも研究員であったが、なぜか彼女はいつも顔と腕に青あざを作って勤務していた。所内では韓国人夫のＤＶに悩んでいるという噂が立っていた。

研究契約を済ませて帰国してから間もなくして、ロサンゼルス暴動のニュースが飛び込んできた。テレビ画面では黒人たちに拳銃を向けて水平撃ちする韓国人移民の姿が映っていた。韓国人商店主たちによる露骨な黒人差別に対し黒人とヒスパニックの住民たちが暴動を起こしたと報道されていた。

平成四年（一九九二）の真夏だった。著者は東シベリアのハバロフスクにいた。宗谷海峡に架橋してシベリア鉄道と宗谷本線を繋ぐプロジェクトの実現可能性を探るための調査であった。ロシア人通訳の名をミーシャといった。他の日本人ツアー客が町の外れにあるバザール（青空市場）に行こうとしたときである、ミーシャさんが行かない方が良いと言って引き留める。理由を聞くと、バザールは危険なところで観光客とわかると因縁をつけられ金品を奪われるという。警察も業者から賄賂を受け取っているから、見て見ぬふりをするというのである。それでも平和ぼけした日本人がバザールへ行った。そして、数名がカメラや時計どころかパスポートまで奪われて帰ってきた。写真を撮ろうとしたら因縁をつけられたそうである。ミーシャさんは、あのバザールは韓国人が多く、ロシア人もあまり近づかないという。韓国人はすぐにヒステリーを起こし暴力に訴えるから危険なのだという。ミーシャさん曰く「パスポートは取り返せるが、金品は諦めてほしい」。そしてその日の夜、パスポートだけ戻ってきた。ミーシャさんの旅行会社が警察に賄賂を渡して取り返したそうである。もちろん、その賄賂は後日被害者が負担した。

著者の海外における韓国人体験はこのように否定的なものばかりである。支那でも、米国でも、ロシアでも韓国人は嫌われている。日本国内でも著者には韓国人に関して良き思い出など一つもない。また「ヒステリーを起こしすぐに暴力に訴える」という性状は世界各地で共通しているようである。

著者が若い頃、友人がススキノでポン引きに絡まれた。奴はすぐに殴りかかってきた。そこで友人が右ストレートを一発お見舞いしたら、「アイゴー、アイゴー」と喚いて踞《つくば》ってしまった。顔を見ると右目が腫《は》れ上がって、視界を遮っているようだった。あとでおまわりさんから聞いたのだが、奴は韓国人で潜りの売春宿を兼ねた焼き肉屋の店員だった。

なぜ韓国人はこうなのだろうか。日本人は韓国人とどう付き合えばよいのか、あるいは付き合わない方がよいのか。本書では付き合わないとしたなら、どのようにすれば縁切りできるのかについて読者諸兄とともに考えていきたい。

著者注：本書で著者はインターネット百科事典と呼ばれる「ウィキペディア」の資料を利用する。ウィキペディアについてはその真偽を疑う向きもあるが、著者がその真偽を判断して使用する。少なくとも、共産党歴史観に汚染された我が国の歴史学者が捏ち上げた近現代史資料よりも遙かに信頼に足ると考える。

カバーデザイン　妹尾善史（ランドフィッシュ）

目次

絶滅危惧種だった大韓帝国——朝鮮半島を国連信託統治とせよ

序論　1

第一章　日韓併合は韓国側からの懇願

純宗の勅書　14
日本を恨む前に自分たちの先祖を恨め　16

第二章　朝鮮民族は絶滅危惧種だった

朝鮮人の強制移住　22
チェチェン人強制移住　24
トルコ人強制移住　24
カルムイク人の強制移住　25
ヴォルガ・ドイツ人の強制移住　26
米国白人による先住民強制移住　27
極寒の地に住む民族　29
日韓併合前の朝鮮民族は「絶滅危惧種」であった　32
パンダも絶滅危惧種だった　35

第三章　ロシアの南下と日露戦争
ロシアの南下政策　44
ロシア軍艦対馬占領事件　48
日清戦争と日露戦争　50
開戦目的を達成していないのに勝利を喜ぶ日本人　56

第四章　韓国は「売春──慰安婦」道の国
植民地根性と属国根性　62
十三世紀の朝鮮　65
李氏朝鮮の誕生　71
大韓帝国として独立　76

第五章　慰安婦国家韓国
妓生と呼ばれる韓国の売春婦　86
朝鮮の地政学的な位置　90
韓国の処世術　95

第六章　男の顔が見えない雄アンコウの国
寄生魚に譬えられる韓国　98
男らしさを失った韓国　100
朝鮮男の不甲斐なさ　104
第七章　歴史を捏造する韓国
韓国に歴史書は残存しない　110
冊封体制継続中の韓国　112
第八章　日本を逆恨みする韓国
韓国に恨まれる　122
支援国を非難　123
第九章　米国で慰安婦像を建てる韓国人
ある韓国人研究者　128
韓国系アメリカ人の社会的評価は低い　131
慰安婦像設置は日系人に対する人種差別　133

第十章　贈収賄が国技の国
賄賂まみれの韓国　140
北鮮への米支援の裏側と国会議員の中国詣　144
篭絡された日本　148
第十一章　帝国政府声明と韓国問題
日本糾弾の根拠は東京裁判史観　152
侵略者豹変論　155
帝国政府声明の発掘は戦後歴史観を転覆させる　165
戦勝国は日本だった　173
太平洋戦域はアジア解放のための陽動作戦に過ぎなかった　175
二度にわたる韓国人の裏切り　184
第十二章　朝鮮半島を国連信託統治とせよ
韓国の特徴　192
国連信託統治領とせよ　197

第十三章　日本人を〝敗戦白丁〟扱いする韓国人

朝鮮の身分制度　210
韓国が日本に度重なる謝罪を要求する理由　212
あとがき　218

第一章

日韓併合は韓国側からの懇願

純宗の勅書

日韓併合についての韓国側の言い分を聞いていると、明治四十三年、大日本帝国は隣国である大韓帝国をまるで生娘を手込めにするかのごとく併合したかのような言い様である。また、多くの日本人も併合という言葉の意味を強制的合邦と捉え、何らかの軍事的強制があったのではないかと考えている。しかし、これは大きな間違いである。

資料1は日韓併合前、当時、大韓帝国の国家元首であった純宗が行政府の長である李完用首相にあてた勅命（以後「併合懇願勅書」略して「懇勅」と呼称する）である。この文書の中で、純宗は大日本帝国と大韓帝国の合邦を速やかに進めるよう指示しており、我が国で言うところの御名御璽まで備えているから本物に相違ない。

資料2は明治四十三年八月二十九日、日韓併合にあたって明治天皇が発せられた詔書である。

詔書の中で「朕ハ韓国皇帝陛下ト与《とも》ニ〔中略〕茲《ここ》ニ永久ニ韓国ヲ帝国ニ併合スルコトトナセリ」と明治大帝は述べられている。

参考

この親書について、ウィキペディアの英語版では韓国人と思われる人物が、純宗のサインはさ

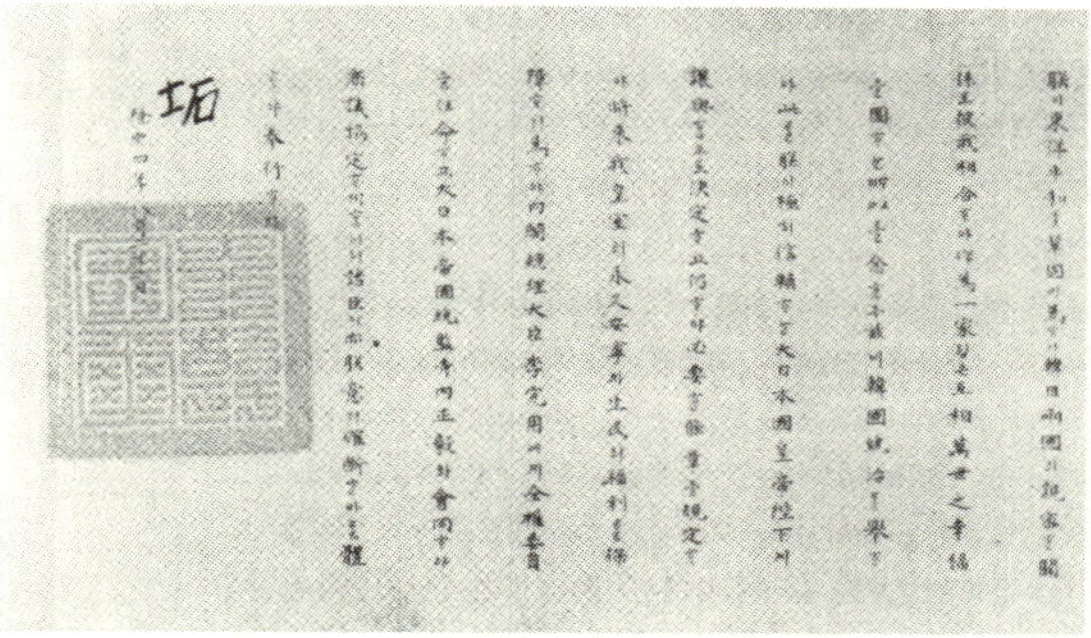

資料１
「韓国併合ニ関スル条約」に関する李完用への全権委任状で純宗の署名が入っている。純宗が李完用首相にあてた勅命であり、日韓併合を速やかに実現するよう命じている。

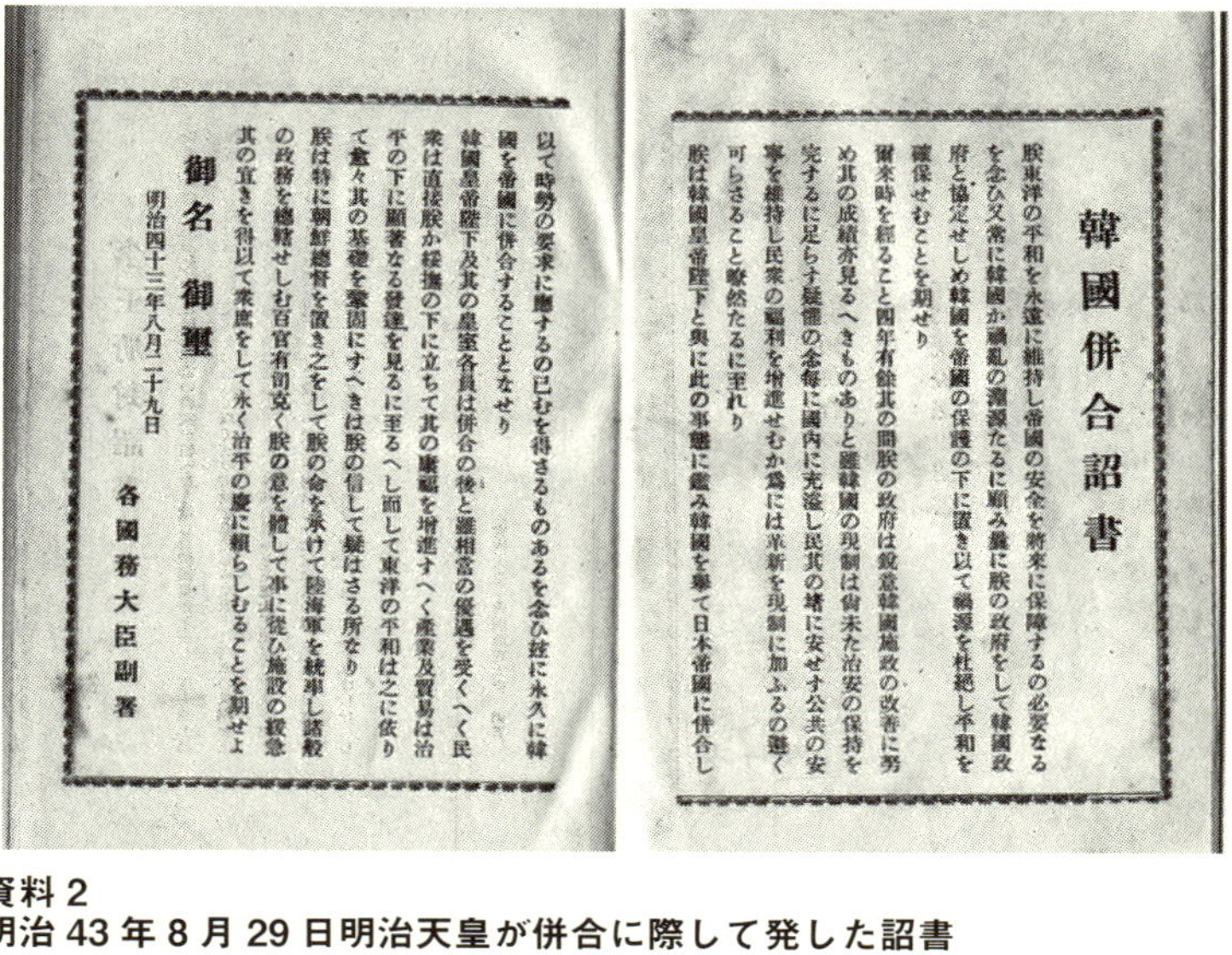

韓國併合詔書

朕東洋の平和を永遠に維持し帝國の安全を將來に保障するの必要なるを念ひ又常に韓國か禍亂の淵源たるに顧み曩に朕の政府をして韓國政府と協定せしめ韓國を帝國の保護の下に置き以て禍源を杜絶し平和を確保せむことを期せり

爾來時を經ること四年有餘其の間朕の政府は鋭意韓國施政の改善に努め其の成績亦見るへきものありと雖韓國の現制は尚未た治安の保持を完するに足らす疑懼の念毎に國内に充溢し民其の堵に安せす公共の安寧を維持し民衆の福利を増進せむか爲には革新を現制に加ふるの避く可らさること瞭然たるに至れり

朕は韓國皇帝陛下と與に此の事態に鑑み韓國を擧て日本帝國に併合し以て時勢の要求に應するの已むを得さるものあるを念ひ玆に永久に韓國を帝國に併合することとなせり

韓國皇帝陛下及其の皇室各員は併合の後と雖相當の優遇を受くへく民衆は直接朕か綏撫の下に立ちて其の康福を増進すへく産業及貿易は治平の下に顯著なる發達を見るに至るへし而して東洋の平和は之に依りて愈々其の基礎を鞏固にすへきは朕の信して疑はさる所なり

朕は特に朝鮮總督を置き之をして朕の命を承けて陸海軍を統率し諸般の政務を總轄せしむ百官有司克く朕の意を體して事に從ひ施設の緩急其の宜きを得以て衆庶をして永く治平の慶に頼らしむることを期せよ

御名　御璽

明治四十三年八月二十九日

各國務大臣副署

資料２
明治 43 年 8 月 29 日明治天皇が併合に際して発した詔書

れていないと、英語圏の外国人が漢字を読めないことを良いことに「ウソ・デタラメ」を述べていた。韓国人の隠蔽・捏造癖は、その道では世界に冠たる朝日新聞も顔負けである。彼らはすぐにバレる嘘をつくことでも知られている。

もしも韓国人が言うように、日韓併合が日本側の軍事的強制による併合であったなら、時の大韓帝国国王から大韓帝国首相宛にこのような文書が発行されることなどあり得ない。日本側が何の協議もなく突然軍事侵攻して朝鮮半島を蹂躙し、朝鮮総督府をソウルに置いたかのように誤解している日本人が多いようだが、実際は最初に朝鮮側からの要望があり、日朝で協議の上併合が決まったのである。

当時の大韓帝国首相であった李完用は、大国であるロシア帝国の南下とロシア帝国による朝鮮半島のロシア領組み込みを恐れていた。白人国家であるロシア帝国に組み込まれてしまえば、ロシア帝国内の他の有色人種部族と同じように冷遇され、朝鮮民族とその文化は消滅せられるものと考えていた。それに対して、大日本帝国による併合である場合、占領ではなく合併であるから、朝鮮民族は半島から強制移住させられることもなく、自分たちの文化と似通った同じアジア人同士の文化を育むことができると李完用は考えたのである。

日本を恨む前に自分たちの先祖を恨め

日韓併合を求めてきたのは韓国である。純宗から李完用へ宛てた上記の懇勅がその証である。韓国が主張する強制併合などなかった。なきに等しかった教育制度を作り、なきに等しかった司法制度を整え、なきに等しかった道路と上下水道を作り、身分制を廃し、議会を作り近代化した。韓国が日本により植民地支配を受けたと主張するとき、我が国が最初に反論すべきは、

一　植民地支配ではなく近代化支配であった。
二　しかもそれは韓国側が望んだことであった。
三　それゆえ日韓併合を恨むなら、日本を恨む前に自分たちの先祖を恨め。

という三点である。

過去における日本人による反論のほとんどが一番目に示した「植民地支配ではなく近代化支配であった」のみである。著者はいつも不思議に思う。日本人論客もメディアもなぜ「懇勅」を掲示して、「併合」は韓国側からの強い懇願であったことを示して反論しないのだろうか。「懇勅」を叩きつければ、韓国人は反論のしようがないだろうと著者は考えるのだが、著者が甘いのだろうか。韓国人がこれに反論するとしたら、その勅書は軍事的脅迫を受けて強制的に書かされたもので、当時の国民の意思を代表していないなどと言い訳してくるであろう。しかし、当時の国民とはお笑いである。議会を持たず国民国家ではなかった大韓帝国に国民など存在しなかった。存在したのは両斑と呼ばれた貴族階級と白丁と呼ばれた賤民階級

であった。

当時の朝鮮半島には李完用首相を支えて日韓併合に協力した一進会という政治結社が存在した。一進会は朝鮮最大の政治勢力で、このグループが日韓併合を後押ししたのである。封建制のままであった大韓帝国の政治動向を決めるのは、国家元首である朝鮮王であった。純宗が決めることが大韓帝国の意思となるのだ。

我が国に当てはめれば、徳川の時代に外国と条約を結ぶのは徳川幕府の権限であり、そこに民衆の意見など入り込む余地はなかった。徳川に代わった明治政府は徳川末期に結ばれた不平等条約の改正を地道に進めていった。そのとき、明治政府は外国に対し「江戸時代に結ばれた条約は国民の支持を得ていない不当な条約であったから無効である」などと開き直ることをしなかった。どんな理由があるにせよ、結んだ条約を守ることが国際信義であるからだ。大韓帝国も同様である。純宗という国家元首が結んだ条約である以上、それが大韓帝国の意思であり、日韓併合条約は守らなくてはならないのである。

日本人は開国から百六十年以上もたってから、当時諸外国と結ばれた条約は不平等条約であるとして、英国や米国を恨み続け、呪い続けるなどという醜態をさらすことはない。なぜならその不平等条約を結んだのは我らが先祖であり、先祖の責任であるからだ。ここで韓国人への反論が生まれる。彼らには次のように反論しよう。

「お前らの先祖が併合してくれと頼んできたから併合してやった。日韓併合はお前らの先祖に責任がある、恨むならお前らの先祖を恨め」。

参考：一進会（ウィキペディアより）

一進会（いっしんかい、イルチンフェ）は、1904年から1910年まで大韓帝国で活動した政治結社。

宮廷での権力闘争に幻滅し、次第に外国の力を借りてでも韓国の近代化を目指す方向に傾きつつあった開化派の人々が設立した団体。中でも日清戦争、日露戦争の勝利により世界的に影響力を強めつつあった日本に注目・接近し、日本政府・日本軍の特別の庇護を受けた。日本と韓国の対等な連邦である「韓日合邦（日韓併合とは異なる概念）」実現のために活動した。

当時、大韓帝国では最大の政治結社であり、会員数は公称80万人から100万人。一説には実数は4000人未満にすぎなかったとの見解もあるが、日露戦争をロシアに代表される西欧侵略勢力との決戦とみなし、日韓軍事同盟でロシアの侵略を阻止しようと考えた李容九は、日本に協力し、日本の武器弾薬を北方へ輸送するために京義鉄道敷設工事をしたが、その工事に参加した一進会員は全部で15万人であったとされ、また北鮮から満州へ軍需品を運搬するの業務に動員された会員は11万5000人で、あわせて約27万人が日露戦争時に一進会として活動したという話も残っている。日韓併合の目的を達成した一進会は、その後、韓国統監府が朝鮮内の政治的混乱を収拾するために朝鮮の政治結社を全面的に禁止したため、解散費用として十五万円を与えられて他の政治結社と同様に解散したが、一進会を率いた宋秉畯らは朝鮮総督府中枢院顧問となり合併後の朝鮮の政治にも大きく影響を与え続けた。合邦善後策として桂首相に資金百五十万円を懇請したところ、千万円でも差し支えなしと答えられ、活動に猛進した。

第二章

朝鮮民族は絶滅危惧種だった

本章では主として旧ソ連時代における民族強制移住についてウィキペディアを参考として説明する。

朝鮮人の強制移住

日韓併合から二十七年後、ソ連極東地区に居住する朝鮮民族を悲劇が襲った。それが中央アジアへの強制移住である。以下に詳述する。

ロシア極東に居住する朝鮮民族は昭和十二年（一九三七）九月、スターリンによって中央アジアやカザフスタンに一夜にして強制移住させられた。その理由は「朝鮮人は国家への忠誠心が希薄で外国勢力と結託する可能性がある」であった。沿海州に居住する朝鮮人住民が日本のためにスパイ活動を行っているとスターリンは考えていた。実際、満洲とソ連の間の国境不確定地帯においては、長年にわたり日ソ双方によりスパイ戦が行われていた。また、満洲において抗日戦を展開しようとしていた中国共産党との協力体制を構築するためにも、自国内にスパイの恐れのある朝鮮民族を住まわせておくわけにはいかなかったのである。

三万六千四百四十二家族、十七万千七百八十一人の朝鮮人が対日協力の疑いで中央アジアに集団追放された。強制移住先の中央アジアの乾燥地帯は、農耕には不向きな土地で、ソ連政府から支給されるはずだった資金は受けることができなかった。さらに、移住させられた者のほとんどが稲作農家や漁師だったこともあって、中央アジアの乾燥地帯への適応は困難であった。そのため一九三八年末までに少なくとも四万人の朝鮮人が死亡したと言われている。

第二次世界大戦後も朝鮮人は沿海州や朝鮮に帰還する権利を認められず、その後も多くの朝鮮人がそのまま中央アジアに住み続けた。

スターリンの死後、法的には移動の自由が認められたが、一般のソ連人と同様、実際に移動の許可を得るには労力を要し、また、朝鮮人の現地への定着が進んでいたため、沿海州に帰還する者はほとんどなかった。また、グラスノスチが始まるまでは、強制移住に対して発言することは許されなかった。移住させられた朝鮮人の子孫は現在もウズベキスタンやカザフスタンに住んでいる。

民族強制移住はソ連の歴史では珍しいことではない。現に千島と南樺太では終戦後スターリンは在来の日本人を追い出し、ウクライナやベラルーシなど、独ソ戦で蹂躙された地域の戦争難民を移住させた。その人たちの子孫が現在北方領土や樺太南部に住む白系ロシア人である。

ソ連が行った民族強制移住の対象は朝鮮人だけではない。以下に旧ソ連時代に行われた民族強制移住を紹介する。

チェチェン人強制移住

一九四四年二月二十三日、スターリンはチェチェン人をカザフスタンなどに強制移住させた。五十万人とも言われるチェチェン人は、突如として故郷を追われることとなった。移住の過程で半数以上が命を落とし、運良く移住できた者も、厳しい寒さと飢えに苦しみ亡くなったと言われる。

トルコ人強制移住

第二次世界大戦末期の一九四四年十一月二十五日、ジョージアの南西部、トルコとの国境に程近いメスヘティ地方（現ジョージア国サムツヘ・ジャバヘティ州）に居住していたムスリム諸民族が、ソビエト連邦政府によって中央アジアに強制移住させられた。家畜運搬車で強制移住させられた十二万人のうち、一万人が死亡した。現在、彼らは旧ソビエト連邦の各国へ逸散している。彼らの大部分を占めていたのは、通常メスヘティ・トルコ人（メスフ人）と呼ばれる集団である。強制移住の決定をした当時の最高指導者スターリンの死後も、メスヘティ・トルコ人のジョージアへの帰還が公式に認められることはなく、ソ連崩壊直前にウズベキスタンにおいて発生したフェルガナ事件によって、彼らの多くは中央アジアから北コーカサスやウクライナ、アゼルバイジャンなどに再び移住することになった。

参考：フェルガナ事件

一九八九年、ウズベク共和国のフェルガナ地方でウズベク人がメスヘティ・トルコ人（メスフ人）を大規模に襲撃した事件。事件後、大量のメスフ人難民がソ連国内に逃れた。その数は七万四千人と言われている。ジョージア国は彼らの受け入れに反対したので、祖国ジョージア国には帰還できなかった。この事件はソ連末期の中央アジアで起きた事件であるため、その真相や原因についてはいまだに不明である。

カルムイク人の強制移住に使用された貨車

カルムイク人の強制移住

一九四三年十二月、ソ連領内カスピ海の北西岸に住むアジア系の民族、カルムイク人はスターリンによりナチス占領軍に協力したかどで故郷から二千キロも離れた西シベリアのチュメニ州へ強制的に追放された。命令からわずか二日後、約十万人が鉄道貨車に詰め込まれ、多くの人々が目的地に着く前に死亡した。強制移住の結果として、四万人以上のカルムイク人が死んだ。スターリンの死後この民族は名誉を回復され、一九五〇年代後半に故郷に戻った。

ヴォルガ・ドイツ人の強制移住

ロシア帝国は多くの西欧人の移民を受け入れてきたが、特にドイツ系の移民は歓迎されていた。ロシア人にとってドイツは最先進国であり、文明の風はドイツから吹いてくると考えられていた。ロシア人が共産主義に染まったのも、そのイデオロギーがメイド・イン・ジャーマニー（ドイツ産）であったからだと著者のロシア友人が語っていた。

革命時のロシア人の多くがマルクス主義はドイツ産であるからして、間違いであるはずがないと考えていたそうである。それくらいロシア人のドイツへの憧れは強かったのである。

エカテリーナ二世は一七六三年、ドイツ移民の受け入れを許可した。移住してきたドイツ人はヴォルガ・ドイツ人自治共和国を形成した。一九三九年のソ連国勢調査によると、ヴォルガ・ドイツ人自治共和国には六十万五千五百人のドイツ系住民が居住していた。

一九四一年六月、独ソ戦（ロシアでは大祖国戦争と呼ぶ）が始まるとヴォルガ・ドイツ人自治共和国は崩壊した。ソ連政府はすべてのドイツ民族は敵国人であると規定し、一九四一年八月二十八日、スターリンは「ヴォルガ・ドイツ人追放宣言」を宣言した。そしてすべてのヴォルガ・ドイツ人をカザフスタンやシベリアに強制移住することを決定した。

移住させられたドイツ人は囚人待遇で強制労働に従事させられ、二割のドイツ人が死亡した。戦後、ヴォルガ・ドイツ人は東西シベリア、極東、中央アジアへ強制移住させられた。
上記で明らかなように、旧ソ連時代の白系ロシア人にとって、国内他民族を強制移住させ、その過程で民族浄化を図ることなど日常であったといっても過言ではなかった。

米国白人による民族強制移住

有色人種を強制移住させる白色人種はロシア人だけではない。北米大陸に移民したアングロ・サクソン＝英国系米国人は先住民族であるインディアンを移住どころか皆殺しにした。チフス菌や天然痘菌を付着させた毛布や衣類を慈善家を装って、貧しきインディアンに寄付差し上げ、村ごと絶滅させた。インディアン部落の男たちを戦いの場に誘い出し、その隙を狙って男たちが不在となった部落を襲い、女子供を皆殺しにした。それが「黄色いリボン」で有名な米国陸軍騎兵隊の主たる仕事であった。女子供が死に絶えれば、その部族は遠からず地上から絶滅する。それでも生き残った先住民は遠隔の地に十分な食料も与えず、徒歩で数千キロの距離を「涙の道事件」のように強制移住させ疲労死、餓死させた。

参考：涙の道（ウィキペディアより）

涙の道（なみだのみち、英：Trail of Tears）とは、1838年にアメリカ合衆国のチェロキー族インディアンを、後にオクラホマ州となる地域のインディアン居留地に強制移動（Population transfer）させたときのことをいう。このとき、15、000名いたチェロキー族のうちおよそ4、000名が途上で亡くなった。チェロキー族の「涙の道」は、1830年の「インディアン移住法」の規定に基づいて署名されたニュー・エコタ条約の実践として起こった。条約は東部のインディアンの土地とミシシッピ川以西の土地との交換を取り決めたものであったが、インディアンの選ばれた指導者達にもチェロキー族の大多数の人々にも受け入れられてはいなかった。それにもかかわらず、条約は時のアメリカ合衆国大統領アンドリュー・ジャクソンによって実行に移され、西部に出発する前に合衆国軍が17、000名のチェロキー族インディアンを宿営地にかり集めた。死者の多くはこの宿営地での病気で倒れた。最初の集合の後は、合衆国軍の役目は限られたものになり、チェロキー族が移動の大半の監督を担当した。チェロキー族の言語で、この出来事は、nvnadaulatsvyi「我々が泣いた道」と呼ばれている。チェロキー族は、合衆国のインディアン移住の動きの結果として移動させられたインディアンでは唯一のものではなかった。「涙の道」という言葉は同じように移動させられた他の種族、特に「5つの文明化された部族が体験したときも使われた。元々この言葉は最初に5つの文明化された種族の一つ、チョクトー族が強制移住させられた時に生まれた。

米国は大東亜戦争の開戦直後にすでに米国国籍を有する米国人である日系米人をアリゾナの砂漠に強制収容した。これも白人による有色人種への強制移住強要である。

米国人がフィリピンで昭和十七年春に起きた「バターン死の行進」をいまだに恨み続けるのには訳がある。米国陸軍兵は自分たちの先達がその百年前、先住民に強制した屈辱を今度はインディアンと同じモンゴリアンである日本人により仕返しされたと考えたのである。単に因果応報だったのだが、白人兵にすれば、そのような移住強制は白人が有色人種に対してすべきものであり、その逆はあり得ないと白人優越主義から考えているからである。

上記の通り、白人が有色人種を強制移住という民族浄化、すなわち虐殺を行うということは大東亜戦争によって有色人種が解放される以前は度々行われていたことなのである。何もユダヤ人、ロマ人、スラブ人を絶滅させようとしたナチスの専売特許ではなかった。それゆえ、当然のことながら朝鮮民族が白人によって縁も縁もない砂漠地帯に強制移住＝民族浄化されても、当時としては不思議ではなかったのである。

極寒の地に住む民族

もしも李完用が日本との合併を選択せずに、ロシア帝国による占領とその領土化を受け入れていたなら、ロシアは朝鮮半島から朝鮮人をシベリアの凍土地帯に強制移住させ絶滅させ、空いた半島にロシア人が大挙して移り住むという事態も考えられた。なぜなら、極寒の地に住むロシア人にとって朝鮮半島は温暖なる南の地であるからだ。

寒くて作物も満足にとれない土地に住む民族がいかほどに南の地に住みたがるかという願望を温暖なる列島に住む日本人は理解できないであろう。

ここでカナダの例を挙げよう。著者はナイアガラの滝のカナダ側からモントリオールまで米国との国境沿いの高速道路七百キロあまりを車で移動したことがある。不思議に思ったことがあった。この地域では街と街との境に空き地がなく、街並みが途切れることがなかった。これは私が育った北海道ではあり得ない。北海道では街と街の間には畑や牧草地が何十キロも続く。日本の総面積の約二十七倍もの領土面積を有し、人口も日本の四分の一に過ぎないカナダで、なぜそのように居住地の人口密度が高いのか理解しかねることであった。考えられる理由としては、国境の南にある米国に近い方が何かと便利である。例えば、米国の企業に勤務するとか、買い物と通院は米国に行くとか、利便性を考えれば米国との国境に近い方が居住しやすいことなのかと勘ぐった。

北海道で生まれ育った著者にすれば、北国に住むことがそんなに苦痛であるとの認識はなかったから、寒さを逃れるために南の国境地帯にへばりついて暮らしているという考えにはいたらなかったのである。しかし、これは帰国後に知ったことであるが、カナダ人は寒さを嫌って米国との国境地帯にへばりついていたのである。

カナダの人口密度は三・二人／km²で、国土の多くは北極圏内の凍土地帯にあり、その寒さは北海道の比ではない。人の住める地域はその全国土面積に比して少ないのである。そのためカナダ人の九十パーセントはアメリカ合衆国との国境から二百キロ以内に住んでおり、人口の約四十パーセントが緯度の低いカナダ東部、オンタリオ州に集中している。人口が最も多い地域は五大湖、セントローレンス川周辺である。そして、大半のカナダ人は、北緯四十三―四十九度にあるアメリカ合衆国とカナダ国境線に沿って細長い帯状地帯に住んでおり、それより北は人口が極端に少ないのである。

大陸性気候でカナダの大都市としては最南端にあるトロントですら札幌と同じ緯度である。米国との国境線のほとんどを占める北緯四十九度線を我が国に当てはめるなら、旧樺太の対ソ国境であった北緯五十度にほぼ等しい。カナダという国は東部国境を除くと国土の最南端が北樺太よりも北に位置しているのである。

ここでカナダの居住環境を紹介した理由は、温暖湿潤なる国土に先祖代々居住してきた日本人には理解できないことであるが、極寒の地に住む民族は常に南の地に住む願望を抱き続けているということである。もちろん、ロシア人も隙あらば南に移り住みたいと考えている。これらの事実を知ってから朝鮮半島の問題を考えようと思う。

日韓併合前の朝鮮民族は「絶滅危惧種」であった

結論から先に言えば、李完用首相はロシア帝国による占領を日韓併合により避け、ロシア人による半島朝鮮人への強制移住、民族浄化絶滅を防いだ。

スターリンはソ連極東・沿海州に住む国内朝鮮人をすべて中央アジアの乾燥地帯に強制移住させたわけであるから、朝鮮半島がソ連領であれば、半島の朝鮮人も全員沿海州の朝鮮人と同じようにカザフスタン、ウズベキスタンなどの中央アジアやシベリアへ移送したと思われる。特にシベリアは極寒の地であり、そこに移送して放置すれば数年で朝鮮人は絶滅したであろう。戦後の千島でソ連が日本人住民に対して行ったように、空き地になった半島には白系ロシア人が大挙して移り住んだことであろう。

極東ロシアで最も南に位置する大都市はウラジオストクで緯度は札幌と同じ北緯四十三度である。もしもロシア帝国が朝鮮半島を手に入れることができれば、その南限は釜山が北緯三十五度、済州島はさらに南に位置して北緯三十二度である。さぞや欧州ロシアからもシベリアからもロシア人が半島に殺到したことであろう。

上記に示す純宗から李完用首相へ宛てた日韓併合を進捗せよとの勅書（懇勅）が白系ロシア人による朝鮮半島占拠と朝鮮人絶滅を防いだことは明らかである。また、この結論は言い換えるならば、日韓併合前、朝鮮民族は「絶滅危惧種であった」という歴史的事実を我々に突きつけているのである。

現在の我が国には「朝鮮人など絶滅させておけばよかったのだ」という意見を何の臆面もなく言ってのける人がネット社会で見受けられる。たしかに国際関係は情け容赦ない以上、他民族が絶滅しようが移住させられようが、自国には関係ない話である。いや、絶滅してもらった方が国益になるという例も存在するであろう。ナチスがユダヤ人の民族浄化を行ったおかげで、それまでユダヤ人が占めていた地位を獲得できた他民族もいるはずである。利得者にすれば、不謹慎で声を大にしては言えないが、「ヒトラーさん、ありがとう」と呟く人種も存在したであろう。

陸続きで常に戦火が絶えなかった大陸では民族絶滅は日常茶飯事であった。食い物がなくなったら隣の民族を襲い略奪する。これは悪ではなく生き残る術だったのである。歴史の教科書では「民族大移動」と五文字で表示されるが、その実態は「民族浄化」だったのである。一つの民族集団が西へ移動するとき、すでに西にいた民族は圧迫される。圧迫されても逃げずに抵抗する民族は抹殺される。これは当たり前のごとく行われていた。

「四世紀中頃に始まったフン族の大移動が東ゴート族、西ゴート族を圧迫して、ゲルマン民族大移動を誘発、これが西ローマ帝国崩壊の遠因となった」という。

民族大移動を解説すれば、このようにたった二行で片づくが、各民族が移動するたびに絶滅した民族が多数存在した。ユーラシア大陸では民族が平和裏に引っ越すなどあり得ない話であった。

朝鮮半島もユーラシア大陸の一部であることを考えれば、朝鮮民族が絶滅したところで驚くには当たらない。スターリンがメスフ人を絶滅させたように、朝鮮民族を絶滅させる可能性は十分あったし、その方が良かったという民族が現れても、その民族を非難することはできない。それが弱肉強食であったユーラシア大陸での摂理であるからだ。以後、この概念を「民族絶滅容認論」と呼称する。

ヒトラーによるユダヤ人絶滅政策が非難されるのはそれが近代になってから行われ、記録として明確に残されているからである。しかし、ヒトラーがユダヤ虐殺を行っていた頃、スターリンは上記の通り、国内少数民族を意図的に絶滅に追いやっていたし、英（イギリス）米（アメリカ）仏（フランス）蘭（オランダ）西（スペイン）葡（ポルトガル）白（ベルギー）という植民地帝国は、その植民地において、手前勝手に住民を強制移住、奴隷化、虐殺を行っていた。オーストラリアで英国人は原住民であるアボリジニーを狩の対象としてカンガルーと同様に射殺しては剥製《はくせい》にして楽しんでいた。また、戦後はアボリジニー居住区に核実験場を建設し、地上核実験を繰り返し、アボリジニーを使った人体実験を行っていた。さらに一九八〇年代までは原住民を文明化させるためと称して、強制的にアボリジニーから赤子を取り上げ、白人の子として育てていた。

三万年前、ネアンデルタール人は我々の祖先によって絶滅させられた。以来、絶滅消滅した民族は枚挙に暇がない。漢字を発明して日本人に馴染みの深い「漢民族」は紀元二六三年に蜀漢が滅亡した段階で滅亡した。現在、支那に存する中国人は漢民族ではない。漢字を発明したほど優秀な民族があんなに馬鹿なはずないではないか。

民族浄化や絶滅が悪であると叫ばれるようになったのはわずか数十年前、戦後なのである。

パンダも絶滅危惧種だった

ジャイアントパンダと言えば子供たちの人気者である。その愛くるしい姿は不幸に打ちひしがれたニートのお兄さんをも元気づける力を持っている。動物園にパンダが来るとなれば、人々は行列をなしてパンダ舎に群がる。しかし、この人気者も韓国人と同じ境遇にあったということはあまり知られていない。絶滅危惧種だったのである。現在、世界各地で人気を博しているパンダは人工的に飼育されたもので、自然界で捕獲されたものは皆無である。

すべてのジャイアントパンダを野生のまま放置すれば、遠からず絶滅すると言われている。パンダ、特にジャイアントパンダは繁殖力がいたって弱い。繁殖期は年に数日のみであり、雄の精液の中における精子の濃度は低く、受胎につながる交尾もまれであると言われている。そこが支那・韓人とは大きく異なる。もともと、この種は支那の四川省、チベットの奥地に潜む。近年の開発により生息域を狭められたこと、さらに主食であるクマザサ、根曲がり竹などの竹類が少なくなったことが絶滅すると言われる原因であるとされている。決して支那人が人口爆発に伴いパンダの主食である竹類を取り上げて自分たちで食べてしまったからではない。たしかに食の国際化に伴い、メンマの消費は増えているのではあるが……。

ある動物学者は絶滅してゆく種は絶滅させるべきであると唱えている。絶滅することも自然の習わしであり、地球の一部であるというわけである。そこに人間の手を加えるべきではないという。ジャイアントパンダもその例外ではない。生育環境の変化とともに消滅するのであれば消滅させるべきであると、その動物学者は唱えていた。人工的に種を保存された生物が果たして自然の産物といえるかといえば否であろう。

自然淘汰も自然の要求なのである。絶滅種の発生、それは地球が生物界に求めている要求である。その要求に竿をさせば、自然は手痛いしっぺ返しを人類に与えるであろう。絶滅させなかったゆえに、その種が固有に持つ病原菌が人類の生存を脅威するとかなどあり得るのかもしれない。

大日本帝国は自然淘汰で絶滅させるべき朝鮮民族に手を加え存続させた。その行いに対する自然からのしっぺ返しが慰安婦捏造であり、合意反故であり、植民地支配捏造であり、核ミサイルによる脅迫であり、日帝三十六年糾弾ではないのだろうか。我が国は、絶滅種は放置し自然に任せるべきであるという自然界の原則を侵したのかもしれない。

パンダが人々に好かれる理由としては、その姿仕草が癒やしを与えてくれることである。

けっして韓国人のように慰安婦とか竹島とか、植民地支配だとか、日帝三十六年とかで隣国を攻撃したりすることはない。

パンダをこよなく愛する日本人がなぜ韓国人を嫌うのか、それは韓国人とパンダの行いを比較すれば明らかである。

パンダも朝鮮人と同じように絶滅危惧種であった。パンダは人々に癒やしを与える益獣であるから絶滅から救われた。しかし、韓国は日本人にとってその反対側に位置する。自ら武器を手に取って生存のために戦わない民族は絶滅せしめよということが自然淘汰の原理である。人類もその例外ではないと言うことだ。

ジャイアントパンダ

福沢諭吉先生は明治十八年に「脱亜論」で支那朝鮮にはかかわるなという意味で「脱亜入欧」という概念を提案した。脱亜入欧とは朝鮮半島がどうなろうとかかわるなということである。支那韓鮮（これ以降、支那、韓国、北鮮を併せて支那韓鮮と呼称することとする）にはかかわらず、欧米とのみ付き合えという意味である。朝鮮人が絶滅しようがしまいがかかわるなと言っているわけだ。
福沢諭吉先生がそこまで支那韓鮮を忌み嫌っていたのに、

なぜ歴代政府は大陸に関与し続けたのであろうか。ここでは脱亜論を引用しておく。その理由については次章にて考察しようと思う。

参考：脱亜論（ウィキペディアより引用）

新聞『時事新報』紙上に1885年（明治18年）3月16日に掲載された無署名の社説。福澤諭吉が執筆したとされているが、原文は無署名の社説である。1933年（昭和8年）に石河幹明編『続福澤全集』第2巻（岩波書店）に収録されたため、福澤が執筆した社説と考えられるようになった。

参考：現代語訳

世界の交通の道は便利になり、西洋文明の風は東に進み、到るところ、草も木もこの風になびかないことはない。西洋の人物は古代と現在に大した違いはないのだが、その活動が古代は遅鈍、今は活発なのは、ただ交通の機関を利用し、勢いに乗じるがためである。ゆえに最近、東洋の我が国民のために考えると、この文明が東に進んでくる勢いに抵抗して、これを防ぎきる覚悟であれば、それもよい。しかし、いやしくも世界中の現状を観察し、事実上それが不可能なことを知る者は、世間と共に文明の海に浮き沈み、文明の波に乗り、文明の苦楽をともにする以外にはないのである。文明は、いまだ麻疹《はしか》の流行のようなものだ。目下、東京の麻疹は西国の長崎地方より東に進み、春の暖気と共に次第に蔓延するもののようである。この時、流行病の害をにくみ、これを防ごうとするにしても、果してその手段はあるだろうか？　筆者は断じて、その手段はないものとする。有害一辺倒の流行病も、その勢いにはなお抵抗できない。いわんや利益と害悪がともない、常に利益の多い文明はなおさらである。これを防がないばかりではなく、つとめてその普及を助け、国民を早くその気風に染ませることが智者の課題である。

近代西洋文明がわが日本に入ったのは、嘉永の開国を発端とする。国民はようやくそれを採用するべきことを知り、しだいに活発の気風が生じたものの、進歩の道に横たわる時代遅れの幕府というものがあり、これはいかんともできなかった。幕府を保存しようとすると、文明は決して入ってくることができない。なぜかというと、近代の文明は日本の旧体制と両立するものではなく、旧体制を改革すれば、同時に幕府も滅亡してしまうからである。だからといって、文明をふせいでその侵入を止めようとすれば、日本国の独立は維持できなかった。なぜならば、世界文明の慌しい情勢は、東洋の孤島の眠りを許すものではなかったからだ。

ここにおいて、わが日本の人士は、国を重く、幕府を軽いとする大義に基づき、また、さいわいに神聖なる皇室の尊厳によって、断固として旧幕府を倒し、新政府を立てた。政府も民間も区別なく、国中がいっさい万事、西洋近代文明を採り、ただ日本の旧法を改革したばかりではない。アジア全域の中にあって、一つの新機軸を確立し、主義とするのはただ、脱亜の二字にあるのみである。

わが日本の国土はアジアの東端に位置するのであるが、国民の精神は既にアジアの旧習慣を脱し、西洋の文明に移っている。しかしここに不幸なのは、隣国があり、その一を支那といい、一を朝鮮という。この二国の人民も古来、アジア流の政治・宗教・風俗に養われてきたことは、わが日本国民と異ならないのである。だが人種の由来が特別なのか、または同様の政治・宗教・風俗のなかにいながら、遺伝した教育に違うものがあるためか、日・支・韓の三国を並べれば、日本に比べれば支那・韓国はよほど似ているのである。この二国の者たちは、自分の身の上についても、また自分の国に関しても、改革や進歩の道を知らない。交通便利な世の中にあっては、文明の物ごとを見聞きしないわけではないが、耳や目の見聞は心を動かすことにならず、その古くさい慣習にしがみつくありさまは、百千年の昔とおなじである。現在の、文明日に日に新たな活劇の場に、教育を論じれば儒教主義といい、学校で教えるべきは仁義礼智といい、一から十まで外見の虚飾ばかりにこだわり、実際においては真理や原則をわきまえることがない。そればかりか、道徳さえ地面を這うように残酷破廉恥を極め、なおふんぞり返って反省の念など持たない者のようだ。筆者からこの二国をみれば、今の文明東進の情勢の中にあっては、とても独立を維持する道はない。われらの明治維新のように、幸い国の中に志士が現れ、進歩の手始めとして政府の大改革を企て、政治を改めるとともに人心を一新するような活動があれば、それはまた別である。もしそうならない場合は、今より数年たたぬうちに亡国となり、その国土は世界の文明諸国に分割されることは、一点の疑いもない。なぜならば、麻疹と同じ文明開化の流行に遭いながら、支那・韓国の両国は伝染の自然法則に背き、無理にこれを避けようとして室内に引きこもり、空気の流通を遮断して、窒息しているからだ。「輔車唇歯」とは隣国が相互に援助しあう喩えであるが、今の支那朝鮮はわが日本のために髪一本ほどの役にも立たない。のみならず、西洋文明人の眼から見れば、三国が地理的に近接しているため、時には三国を同一視し、支那・韓国の評価で、わが日本を判断するということもありえるのだ。例えば、支那、朝鮮の政府が昔どおり専制であり、法律に従うことがなければ、西洋の人は、日本もまた無法律の国かと疑うだろう。支那、朝鮮の人が迷信深く、科学の何かを知らなければ、西洋の学者は日本もまた陰陽五行の国かと思うに違いない。支那人が卑屈で恥を知らなければ、日本人の義侠もその影に隠れ、朝鮮国に残酷な刑罰があれば、日本人もまた無情と推量されるのだ。事例をかぞえれば、枚挙にいとまがない。喩えるならば、軒を並べたある村や町内の者たちが、愚かで無法、しかも残忍で無情なときは、たまたまその町村内の、ある家の人が正当に振るまおうと注意しても、他人の悪行に隠れて埋没するようなものだ。その影響が現実にあらわれ、間接にわが外交上の障害となっていることは実に少なくなく、わが日本国の大不幸というべきである。

そうであるから、現在の戦略を考えるに、わが国は隣国の開明を待ち、共にアジアを発展させる猶予はないのである。むしろ、その仲間から脱出し、西洋の文明国と進退をともにし、その支那、朝鮮に接する方法も、隣国だからと特別扱いするに及ばず、まさに西洋人がこれに接するように処置すべきである。悪友と親しく交わる者も、また悪名をまぬかれない。筆者は心の中で、東アジアの悪友を謝絶するものである。
明治18年（1885年）3月16日

第三章　ロシアの南下と日露戦争

ロシアの南下政策

十八―十九世紀のロシア帝国は不凍港を求めて南下政策をとっていたと歴史書ではよく説明されるが、この説を聞くたびに著者は何か違和感を覚えてきた。単に不凍港を求めていたという解説だけでは、まるでロシア帝国は他に港湾を多く有していたが、不凍港だけを持ちえなかったと誤解される可能性があるからだ。実態は不凍港どころか港湾そのもの、特に軍港に使えるような産業基盤の整った港すら不足していたのである。

日本人は自国の状況を外国にも適用して、外国の状況について誤解しやすい国民性を有しているようだ。日本がそうだから外国もそうだと勘違いするのである。

例えば米作である。日本では田んぼのある風景は当たり前であるからして、米国でもその気になれば水田稲作はどこでもできると考える。だから、米国がその気になれば日本の米農家など容易に駆逐できると日本人は考えＴＰＰに反対した。実際はどうかというと、水田稲作は降水量の多い地域でしか実現できない。豊富な水がなくては田んぼは作れないのである。あの広大な国土を有する米国であっても、カリフォルニア州サクラメント川流域でしか水田稲作はできない。それゆえ、米国の稲作農家がいくら頑張っても、日本人が必要とする水稲の一割程度しか生産できない。砂漠に田んぼは作れないということである。

港湾事情についても同様で、日本人は南北三千キロ、地球の円周の約八パーセントを占め

港湾都市名	北緯	海洋名
ペトロパブロフスク・カムチャツキー	53° 1′	ベーリング海（太平洋）
セヴァストポリ	44° 36′	黒海
ノヴォロシースク	44° 43′	黒海
ウラジオストク	43° 7′	日本海
ナホトカ	42° 49′	日本海
ムルマンスク	68° 58′	バレンツ海（北極海）
カリーニングラード	54° 43′	バルト海

表1　ロシアの主な不凍港

るほど長大な日本列島を〝小さな島国である〟となぜか勝手に矮小化し、小さな島国でもこんなに港があるのだから、あの広大な領土を有するロシアにはさぞやたくさんの港があるはずであると単純に思い込む。しかし、地球儀を俯瞰《ふかん》すれば、ロシアという国は海に接する海岸自体がその版図に比較して、あまりに少ないという現実に気づかされる。そもそも海港が少なすぎるのである。

ロシアの国土が隣接する海域は北は北極海、西はバルト海、南は黒海、そして東は日本海、オホーツク海、北太平洋である。北極海、バルト海、黒海、日本海、オホーツク海は陸に囲まれた内海とも言うべき海である。それゆえ、外洋に面しているのは千島列島からカムチャッカ半島、アラスカの対岸になるチュクチ半島へいたる北太平洋沿岸のみとなる。

不凍港確保以前の問題として、外洋への出口自体が制限されている。ロシアにとって外洋へ直結した出口は北太平洋沿岸のみである。

明治八年（一八七五）五月七日、日本とロシア帝国との間で国境を確定するため、サンクトペテルブルクで千島（Kuril）・樺太（Sakhalin）交換条約が署名され、同年八月二十二日に批准され締約された。そのため、締結以降はロシア帝国の太平洋への直接的出口はカムチャッカ半島のみとされてしまった。

表1はロシア帝国、ソビエト連邦、ロシア連邦が二十世紀中期までに確保できた不凍港である。

現在でもロシア連邦は約千七百七万平方キロ、日本の四十六倍という広大な領土領域を有するにもかかわらず、冬期間運用可能な不凍港は七港しか有していない。しかも、そのうち外洋への直接的出口として機能できるのはカムチャッカ半島の南端に位置するペトロパブロフスク・カムチャツキーのみである。この軍港は北緯五十三度という高緯度にあるにもかかわらず、周囲の海流の影響で不凍港となっている。ただし、不凍港であることはありがたいことなのだが、ロシア本土からは陸路が遮断されているため、軍港として十分な機能を有してはいない。船舶の修理、補給、乗員の休養を十分行えないということである。

以上、ロシア帝国から現在にいたるロシア連邦の不凍港事情について記した。ロシアという国はその広大な国土に似合わず港湾事情は極めて貧相なのである。

備考：北方領土問題とロシア港湾事情

ロシアがその国土面積に比べて港湾の数が極めて少ないということは上述した通りであるが、

これは同時に北方領土返還に直結した問題でもある。港が少ない最大の理由はもともと海洋に接する領域が少ないということであるが、これは同時に好漁場に恵まれないことを意味する。ロシアが面する海域のうち欧州ロシアの北極海、バルト海、黒海は魚の影が薄く漁獲はさほど見込めない。結局魚が捕れる海は日本海、オホーツク海、北西太平洋となり、その中でも黒潮と親潮がぶつかり合う北方四島周辺がロシアにとって最大の漁場となる。旧ソ連時代、ロシアの全漁獲量の七十パーセントは極東ロシアで水揚げされ、その半数が千島海域で漁獲された。それゆえ、ロシアは何が何でも国後、択捉、歯舞、色丹の北方四島を手放したくないということになる。北方領土交渉においてロシアは漁業権の確保を主張してくるはずである。

港湾の種類	数
国際戦略港湾	5 港
国際拠点港湾	18 港
重要港湾	102 港
地方港湾	808 港
56 条港湾	61 港

表２　日本国内の種別ごとの港湾数

次に日本の港湾事情と較べてみよう。

日本の領土面積は約三十七万平方キロでロシア連邦の四十六分の一に過ぎないが、南北三千キロにわたるその列島には平成二十九年（二〇一七）四月一日現在、九百九十四もの港湾があり、オホーツク海沿岸に位置する紋別港、網走港などの数港を除くすべての港湾が不凍港である。日本国内の種別ごとの港湾を表2に紹介する。重要港湾以上の規模の港が百二十五港も備わっている。日本の港湾の数が多いからといって、ロシアもそうだろうと考えてはいけない。

日露戦争において帝国海軍は対馬沖でバルチック艦隊を洋上にて殲滅《せんめつ》しただけでなく、ロシア帝国が清国から租借していた旅順港とロシア領のウラジオストク港にロシア太平洋艦隊を追い込み壊滅させた。これは日本海海域に軍港が二港しか存在しないロシア帝国の弱みが露呈した結果といえよう。二港しかなければ退避する港が限られてしまうから、帝国海軍にとって追尾は容易である。日本のように逃げ込める港が多くあったなら、衛星も航空機もない当時の索敵技術で日本海軍がロシア艦隊を全滅させるのは難儀であったと思われる。このように考えれば明治四十三年（一九一〇）日韓併合前のロシア帝国が不凍港どころか外洋への出口となり、しかも内陸からの陸路を確保できる軍港を切望していた状況を理解できる。

著者注：ロシア海軍が砕氷船を実用化したのは二十世紀初頭であり、それ以前は、冬期間におけるロシア海軍の艦船運用は大きく制限されていた。

ロシア軍艦対馬占領事件

十九世紀中期のロシア帝国がいかに不凍港の確保に困窮していたかという事実を示す出来事があった。しかも、その事件は我が国の領土内で起きたのである。

文久元年二月三日（一八六一年三月十四日）、ロシア帝国海軍中尉ニコライ・ビリリョフは軍艦ポサドニック号で対馬に来航し、勝手に尾崎浦に投錨《とうびょう》測量した。さらにロシア船は浅茅湾内に進航したのである。いきさつは次の通り。

ロシア艦隊の中国海域艦隊司令官であったイワン・リハチョーフ大佐は海事大臣であった大公コンスタンチン・ニコラエヴィチの許可を得て、対馬へポサドニック号を派遣した。艦長のニコライ・ビリリョフは一ヶ月後芋崎に無断で上陸し、兵舎の建設などを始めた。その後、船体修理を名目に工場・練兵場などを建設し始め、しまいには芋崎の永久租借を要求してくる図々しさであった。

退去を要求しても出て行かないロシア人に業を煮やした徳川幕府は能吏で名高いあの小栗忠順を対馬に派遣して談判させたが、結局埒があかず、英国海軍の介入を求めることになった。七月二十三日、イギリス東洋艦隊の軍艦二隻（エンカウンター、リンドーブ）が対馬に回航し示威行動を行い、ロシア側に対して厳重抗議した。その結果、英国との紛争に発展することを恐れたロシア側が折れ、九月十九日ポサドニック号は対馬を去った。

対馬は地政学的に日本海への入り口であると同時に、東支那海と太平洋への出口に位置する。それゆえ、対馬に軍港を構えれば日本海と太平洋の両方に睨みをきかせることができる。ロシア帝国の目論見はそこにあった。

四十数年後、二十世紀初頭にロシア帝国は同じ試みを繰り返す。ただし舞台は対馬ではなく、その対岸である釜山であった。

前述した通り、寒帯に住む北方民族の南下への願いは根強いものがある。不凍港を求めるどころか、南の国に住みたいという願望の強さは我々温帯にすむ民族には計り知れないものであり、たとえその願望が戦争へ発展しようとも簡単には諦めないのである。

日清戦争と日露戦争

維新を断行し、近代国家へ変貌しようとしていた日本は諸外国と外交関係を結び、近代化への道を歩み始めていたのだが、隣国の李氏朝鮮は排外主義に陥っており、国交を求める日本に対し、宗主国である清国の意向を盾に応じようとしなかった。要するに李氏朝鮮は欧米列強がアヘン戦争、アロー号事件以後、朝鮮海峡と朝鮮半島、日本列島に侵略の牙を剥き出しにしていることを自覚していなかったのである。

前述した通り、ロシア帝国はアイグン条約（一八五八年）と北京条約（一八六〇年）で清国より沿海州を奪い、日本海に領土を広げたにもかかわらず、対馬占領事件のように、さらなる南下の意図を隠そうとしなかった。日本にとっての脅威は朝鮮半島が欧米列強の支配下に収まり、清国と同様に半植民地化され、日本侵略の橋頭堡《きょうとうほ》として使用されることであった。

朝鮮を自立した国家として独立させ、日本と共に欧米列強に対抗させるということが我国の安全保障上極めて重要なる事項となっていた。しかし、上記のごとく李氏朝鮮はアヘン戦争以降、欧米列強に隷属する清国のさらなる属国として振る舞うのみであり、もしも列強が朝鮮を清国と同様に半植民地化し、さらに軍港を構えた場合、我が国の特に九州など列島南部が攻撃対象となることは間違いなかった。新政府は薩長の元志士からなり、彼らは薩英戦争、下関戦争で経験した列強の砲艦外交の威力を知り尽くしており、半島南部に列強が軍港を備えることを嫌っていたのである。

英国艦隊と薩摩砲台の砲撃戦図

参考：薩英戦争（ウィキペディアより）

文久3年旧暦7月2日―4日（1863年8月15日―17日）は、英国と薩摩藩の間で戦われた戦闘。文久2年旧暦8月21日（1862年9月14日）に武蔵国橘樹郡生麦村で発生した生麦事件の解決と補償を艦隊の力を背景に迫る英国と、攘夷実行の名目のもとに兵制の近代化で培った実力でこれを阻止しようとする島津兵が、鹿児島湾で激突した。薩摩方は鹿児島城下の約1割を焼失したほか砲

『馬關戰争圖』（部分）藤島常興筆、下関市市立長府博物館収蔵

台や弾薬庫に損害を受けたが、イギリス軍も油断によって予想外の損害を被った。この戦闘を通じて英国と薩摩国の双方に相手方のことをより詳しく知ろうとする機運が生まれ、これが以後両者が一転して接近してゆく契機となった。

参考：下関戦争（ウィキペディアより）

幕末に長州藩と、イギリス・フランス・オランダ・アメリカの列強四国との間に起きた、文久3年（1863年）と同4年（1864年）の前後二回にわたる攘夷思想に基づく武力衝突事件。歴史的には、1864年の戦闘を馬関戦争（ばかんせんそう）と呼び、1863年の戦闘はその「原因となった事件」として扱われることが多い。今日では1863年のことを下関事件、1864年のことを四国艦隊下関砲撃事件と呼んで区別している。また両者を併せた総称として「下関戦争」が使われているが、その影響で「馬関戦争」が総称として使われることもある。

当時の軍事的脅威とは海軍力であり、戦艦に備えられた大砲こそ

連合国によって占拠された長府の前田砲台。フェリーチェ・ベアト撮影。

平壌の戦い

が相手国に与える脅威であった。それゆえ、各国はより巨大な大砲を持った戦艦の建造を競ったのである。

もしも大口径砲を備えた戦艦が釜山を出航すれば、当日ないし翌日には九州など列島南部を薩英・馬関戦争のように砲撃できるわけであるから、朝鮮半島の独立と安定は我が国の独立を維持する上で極めて肝要だったのである。

明治二十七年、大日本帝国は上記の理由から朝鮮を清国から独立させ、対欧米列強への防波堤とするため、清国に対し開戦した。これを日清戦争という。

参考：日清戦争（ウィキペディアより）

日清戦争（にっしんせんそう）は、1894年（明治27年）7月25日から1895年（明治28年）3月にかけて行われた主に朝鮮半島（李氏朝鮮）をめぐる日本と大清国の戦争である。日本がイギリス帝国に接近し、治外法権を撤廃させる実質的な外交材料となった。翌年4月17日、下関で日清講和条約が調印され、戦勝した日本は朝鮮の独立を清に認めさせた。また、清から領土（遼東半島・台湾・澎湖列島）と多額の賠償金などを得ることになった。しかし4月23日、ロシア・フランス・ドイツが日本に対して清への遼東半島返還を要求し、その後、日本は三国の要求を受け入れた（三国干渉）。なお、5月末から日本軍が割譲された台湾に上陸し、11月18日付けで大本営に全島平定が報告された（台湾鎮定）。

日清戦争は大日本帝国の勝利となり、朝鮮は大韓帝国として晴れて独立を勝ち取った。しかし、この独立は自力で勝ち取った独立でないゆえ、韓国朝鮮人がそのありがたみを知ることはなかった。独立して欧米列強に対し毅然たる独自外交を展開するものと我が国は期待していたのであるが、何を血迷ったのか、今度はロシア帝国に秋波を送り始めた。もちろん、ロシアにとっては幕末期の対馬占領事件以来、朝鮮海峡地域への進出を切望していたわけであるから、まともな軍事力を持たず無防備なうえで秋波を送ってくる独立朝鮮は大歓迎であった。ロシアにすればウスリーアムールに続いて朝鮮半島も版図に加えようという魂胆である。一方、我が国にとっては朝鮮半島がロシアの領土になるくらいなら、脆弱なる清国の属国のままでいてくれた方がましだったということになる。

対ロシア関係で我が国は明治十年（一八七七）締結の千島樺太交換条約により、北方の脅威を取り除き安定化した。これは我が国とロシアが海を隔てて国境を接しているのみならず、北太平洋地域にはロシア帝国の有力な軍港が存在しなかったことから可能となった。しかし、日本列島南部はロシアと直接国境を交えてはいないものの、大きな問題を抱えていた。

もしも釜山港がロシア帝国の軍港として使用された場合、釜山を出航したロシア艦隊は数時間で北九州に到達し、当時として我が国唯一の近代的製鉄所である八幡製鉄所への砲撃が可能となることは明白だった。

当時の戦艦は口径三十センチ程度の主砲を備え、砲弾重量四百キログラム、一発命中すれば溶鉱炉は崩壊する。製鉄所の喪失は我が国の産業のみならず、我が国軍需産業に大打撃を与える。それゆえ、ロシア帝国による朝鮮半島占領は絶対的に阻止しなくてはならない案件だったのである。

明治三十六年（一九〇三）、日露戦争が勃発した。日露戦争については読者諸兄も熟知していると考えるから、ここでは詳述しない。結局、作戦的には大日本帝国の大勝利となったわけであるが、その勝利もロシア帝国にとっては致命的とはならず、首都ペテルブルグを遠く離れた極東での地域紛争に負けた程度の傷であり、朝鮮半島への手出しはその後も続いたのである。そういう意味で日露戦争は日本が作戦的には勝利したが、戦争目的を達成してはいなかったのである。

開戦目的を達成していないのに勝利を喜ぶ日本人

ここで戦争目的達成如何について考察してみよう。日本人は勝敗にこだわる性向が強いようである。しかも、その勝敗は実質を度外視した現象面だけの勝敗である。日露戦争が現象面の戦勝の通り実質面でも勝利していたなら、日韓併合は必要なかったであろう。

ロシア帝国を満洲・朝鮮半島から追い払うのが日露戦争の開戦目的であった。しかし、日本側が作戦的に勝利したにもかかわらず、ロシア帝国は朝鮮半島への関与を止めようとはしなかった。その結果、大日本帝国はロシアによる朝鮮への干渉を断つために朝鮮を併合したわけである。結局、日露戦争は勝利したものの戦争目的の達成には失敗していた。一方、その対極にあるのが大東亜戦争である。大東亜戦争の開戦目的は白人植民地の解放と大東亜共栄圏の実現であった。降伏文書に調印した段階で大日本帝国は表向き敗戦したことになるのだが、開戦中に七ヶ国を独立させ、戦後ＡＳＥＡＮという名の大東亜共栄圏が出現した。実質的戦勝国家は開戦目的を達成した大日本帝国であり、植民地防衛と大東亜共栄圏壊滅に失敗した連合国こそ実質的敗戦国となる。

表向きの勝敗を論ずれば日露戦争における勝者は大日本帝国であるが、戦争目的を達成していないという意味では実質的に敗戦国である。大東亜戦争の場合は逆で、大日本帝国は見かけ上の敗戦国であるが、実質面を見ると戦勝国となる。

日本人は日露戦争を「勝った、勝った」と誇りとし、大東亜戦争は「負けてしまった」と打ちひしがれてきた。これは「あべこべ」である。本当は大東亜戦争こそ実質的勝者として誇りとすべきであり、日露戦争の勝利は見せかけであったとして喜ぶべきではない。

ただし、日露戦争はアジア解放戦争の始まりで大東亜戦争をその帰結であると考え、日露戦争から大東亜戦争までの一連の流れを「大アジア解放戦争」と規定するなら、大アジア解放戦争は大勝利に終わったという結論になる。

日露戦争後、大韓帝国はロシアへの事大主義、すなわち属国願望を再び募らせてきた。しかし、このときは日露戦争前の事大とは異なり、朝鮮国内は二分された。すなわち、ロシア支持派と日本支持派に大きく分かれたのである。

前述した通り、極寒の地に住む民族は南の地に住みたがる。彼らは隙あらば南進を試みる。そのための侵略、異民族虐殺は犯罪ではないと考えている。大韓帝国内で主導権争いを行っていた〝脳みそお花畑〟のロシア支持派は、北方民族の凶暴性など何も考慮していなかったであろう。

福沢諭吉先生は自著の「脱亜論」で「脱亜入欧」を唱え、支那韓鮮には関わらないよう提言したのになぜ関わってしまったのか。関わらなければ、日清日露の戦争に巻き込まれることもなかったであろうし、米英に大陸への進出を口実に因縁をつけられ、その仕返しに米英の植民地をすべて解放するという難儀に遭遇することもなかったであろう。

我が日本列島さえ安泰であったのなら大陸がどうなろうと、東亜植民地がどうなろうと知ったことではないという考えであるなら、福沢諭吉先生の考えは正しかったと言わざるを得ない。

しかし、人類史上最悪の悪行である人種差別と奴隷制、植民地主義の根絶を求めるとき、それらの悪行の下手人であった米英アングロサクソンと軍事衝突するしかなく、実際に大東亜戦争によってすべての人類が平等化されたことを考慮すれば、支那韓鮮への関与は必要であったと考えることもできる。なぜなら、支那韓鮮への進出が米英アングロサクソンとの衝突を誘引したからである。支那事変は東亜解放への序章に過ぎなかったということである。明治期における半島への関与はすべての白人植民地解放への狼煙《のろし》であった。大日本帝国による半島進出が清国からの大韓帝国の独立へと繋がり、満洲国の独立へと繋がった。大日本帝国は大東亜戦争でアジアの白人植民地を独立させる前に、朝鮮半島と満洲の有色人種国家を独立させていたのである。それ以前では有色人種が有色人種の国を支配せずに、独立させるなどということはあり得ないことであった。

福沢諭吉先生は脱亜論からわずか六十年後の昭和二十年（一九四五）、我が大和民族が欧米列強の植民地主義を地上から殲滅してしまうなど夢にも思わなかったことであろう。諭吉先生の唱えた脱亜論は植民地解放を成し遂げた戦後にこそ生きてくると著者は考える。東亜解放のための大陸関与であったから、東亜解放が完成された今日こそ、脱亜論で「東アジアの悪友」と例えられた支那韓鮮とは縁を切るべきである。

第四章　韓国は「売春——慰安婦」道の国

植民地根性と属国根性

前述した通り、朝鮮半島の根本的病理は事大主義という名の属国根性である。これは植民地根性よりもたちが悪い。

植民地根性とは独立前のアジア・アフリカ諸国に見られた性状で、奴隷根性とも言うべき性質をさす。常に白人様の機嫌を伺い、独立など未来永劫あり得ないと信じているゆえ、現世をいかに白人様の機嫌をとりながら生き延びるかということしか考えない性状を言う。当然ながら、自分たちで白人に逆らうとか、政治を決めるなどということは露ほども考えることはない。常に白人様の言うがままに動き、政治的不満があっても白人様にお願いするだけであり、却下されればそれに従う。この奴隷植民地根性は白人植民地主義者が植民地住民に植えつけたものであり、そのために白人たちは住民の愚民化を謀り、学校教育をなくし、白人への依存性を高めたのである。白人がいなければ何もできないという状況を作り出すことが植民地統治の基本であるからだ。

帝国陸軍によって初めて独立を手にしたアジア各国が最初に直面した難題が国民に蔓延していた奴隷根性の根絶であった。何かにつけて他者を頼り、自分で決断行動しようとしない国民性を糾すことが独立政府の最初の仕事となったのである。

農学部出身の著者の同窓にはＪＩＣＡ（国際協力事業団）で働くものが多い。私が卒業後に任官した北海道開発庁からも、外務省へ出向して途上国勤務になった者もいる。彼らは途上国に派遣され農業指導に当たるのだが、彼らの共通の悩みがこの植民地根性である。

住民たちに自立心が乏しく、何かにつけて頼ってくる。独自に決めるべきことでも、意見を聞きに来たり、許可をもらいにくる。「ここは君たちの国なのだから、君たちで決めなさい」とすすめても、独自に動こうとしない。変に動いたら植民地時代みたいに牢屋に入れられるのではないかと案じているようにも見えたそうである。中にはマスター（ご主人様）と言って慕ってくる輩もいたという。独立して二世代目になろうとしているのに植民地の奴隷根性は色濃く残っていると任地から帰国した友人たちは著者に教えてくれた。一九七〇―一九八〇年代にかけての話である。色濃く残る植民地根性を垣間見ると、一体どれだけ過酷な植民地支配を欧米列強が行っていたのかを理解できるであろう。

そんな旧植民地も教育制度の充実により、三世代目に入る頃には一部の独立指導者だけではなく、一般国民も精神的にも自立し、独立国家としての誇りを持って自分の国の運営に邁進しているようである。教育の拡充と共に独立国家の国民として自覚され、今日にいたっている。東南アジア諸国においては現在植民地根性を見いだすことは稀であろう。

一方、属国根性はどうかというと、これはいただけない。犬も豚もこれを食すことはない。

属国とは宗主国に隷属しながら、体面上は独立国家として扱われる。中華冊封体制の中で小中華として勝手にのぼせ上がっていた李氏朝鮮は、日本に対して勝手に優越感に浸っていた。自分たちは偉大なる中原の舎弟であるが、日本は中原から見れば野蛮夷狄であると侮蔑していたのである。

属国とは魚類に例えるならば、コバンザメである。宿主である大型のサメやエイに寄生しないと生きていけない。韓国も同じである。韓国も紀元前一〇八年の前漢による楽浪郡の設置以来二千年にわたって中原王朝に寄生し、近代に入ってからは、ロシア、日本、米国に寄生してきた。

属国根性が植民地根性よりもその民族にとって悪質である理由、それは独立心を持ち得ないということである。表向きは独立国家であり、生物学的に言えば独立した個体である。しかし、宿主を必要とする宿命からは逃れられない。独立した国家ではあっても常に頼りとする大国がないと死滅する運命を背負っているゆえ、完全なる独立心を持つ、すなわち宿主なしで生きていこうという意識を持てない、いや持ってはいけないのである。この近隣の大国に頼り、施しを得ようとする民族性は自信のアイデンテティーを侵害するだけではなく、近隣諸国にも迷惑をかける結果に繋がる。

属国をコバンザメに例えて解説したが、さらにわかりやすく例えるならば、それは妾根性であろう。しかも、都合に応じて旦那を取っ替え引っ替えする最も質の悪い妾である。旦那を取っ替え引っ替え店賃を集《たか》る売れないスナックのママのような存在である。

十三世紀の朝鮮

十三世紀の朝鮮はモンゴル帝国の妾をしていた。この妾は旦那であるモンゴル帝国をそそのかし、海の向こうにある日本を攻めさせた。巨大な軍事力を持つモンゴルに日本を屈服させ、その後は自分が日本統治を請負い、甘い汁を吸おうと考えたのだ。しかし、この考えは甘かった。女の浅知恵であり鳥頭に過ぎた。

一度目の元寇を文永の役（一二七四年）という。遠くは東欧まで支配下に納めていた強大なるモンゴル帝国という旦那ではあったが、海での戦いは不慣れで、日本列島に橋頭堡を作ることすら叶わず、九州という田舎の地方武士団に無残にも蹴散らされてしまった。旦那は性悪妾の口車に乗って四万もの軍勢を送り、壱岐対馬の島民を虐殺し、子供は奴隷として拉致したのに、わずか数千の九州武士に負けてしまったのである。日本を占領すれば褒美をもらえて、日本女を陵辱し、略奪の限りを尽くせると企んでいた農民崩れの「にわか高麗兵」は褒美をもらうどころか、自分の首を侍にとられてしまったのだ。首だけならまだましで、切れ味鋭い日本刀に袈裟に切られて海に捨てられ、鯛の餌にされてしまった。慌てて船に逃げ帰ったのだが、性悪妾が手抜き工事で作った軍船は時化《しけ》にはめっぽう弱く、帆柱は風で外れて帆と一緒に何処かへ飛んで行ってしまうし、波のせいで、あろうことか竜骨が外れて浸水し始め、戦どころではなかったのだ。

ある高麗兵の手記を紹介しよう（著者注：著者の創作であり、史実ではない）。

「私は半島北部の農民の三男でした。高麗がモンゴルに併合されてから、海を渡って日本に攻め込むということになり、無理矢理兵隊に仕立て上げられ、この戦いに参加させられました。話では、勝った暁にはたくさんの褒美をもらえて、土地と日本女もたくさんもらえると聞きました。そこで鍬を剣に持ち替えたのです。それまで、剣など触ったこともありませんでした。鎧を着せられ、弓と剣をもって攻め込めば、日本の侍は散り散りになって逃げていくと聞かされました。

島国で外敵に攻められたことなどなく、戦などしたことのない腰抜け男ばかりだと聞かされました。壱岐対馬では楽勝でした。少数の日本侍が斬りかかってきましたが、こちらは数で押して皆殺しにしました。そのとき気づいたのですが、日本侍は決して我が軍に怯えてなどいませんでした。勇敢に立ち向かってきたのです。乗船前に聞いていた話とは違うなとふと思いました。この点はたしかに気にはなっていたのです。女は捕まえて掌に穴を開けて縄を通し、船の舳先から船縁にかけて数珠つなぎにしてぶら下げました。これで博多湾に侵攻すれば、身内が舳先からぶら下がって、ギャーギャー喚いて人質になっているから、浜から矢を射かけることはできないだろうという目論見だったのです。また、こんな残虐な戦法を使う我が軍に怯えて、日本侍は戦意を失うだろうというのがモンゴル人の考えだったのです。大陸での戦いでモンゴル軍は女子供への残虐行為をわざと見せつけて戦に勝ってきたと言う

『蒙古襲来絵詞』
右に元軍が投擲したてつはうが炸裂する瞬間が描かれている

のです。

さて、いよいよ本土上陸のときが来ました。舳先に吊した日本女の数珠つなぎを見せつければ、日本侍は戦意を失うだろうと見込んでいたのですが、まったくその効果はなく、泣き叫ぶ女を目がけて矢を射掛けてくるではありませんか、おかげで舳先に吊した女たちが悲鳴を上げて死んでいきました。日本侍はなんて惨い（著者注：この「むごい」という単語は「モンゴルい」から派生したと言われています）奴らでしょうか。鉄砲（てつはう：擲弾）を投げつければ日本侍は怖じ気づくと聞いていたのですが、侍は投げた鉄砲を投げ返してくるし、侍どころか馬まで蹴り返してくるのです。なんて優れた軍馬でしょうか。

上陸前に教えてもらった日本式より強いはずの朝鮮式剣法（著者は朝鮮式剣法を〝チョンチャラ剣法〟と名づけた）は日本侍の刀にはまったく刃が立たなかった。朝鮮剣法は相手を怖がらせるため、手に持った剣を目前でチャラチャラと振り回すのだが、これで日本兵は怖がって逃げていくはずなのに、いざ上陸して日本侍を相手にチョンチャラ剣法をやってみると、相手は怯むどころか、不敵な笑みを浮かべた瞬間、何歩も前にいたはずの侍が急に目の前まで踏み込んできて、直上から、反りのある日本刀を振り下ろしてくる。味方は手にしたチャラ剣で受けたのだが、その剣は折られて、仲間たちは頭頂部から唐竹割りに割られてしまった。

侍は身の丈ほどもありそうな、大きな弓を持って射かけてくる。侍の使う弓は強力で、馬の尻を貫通して乗っていたモンゴル人司令官まで串刺しにした。私も馬の陰に隠れたのだが、残念ながら馬ごと射貫かれてしまった。これではまるで串焼きの具ではないか。

日本侍は首をとるのが趣味のようだ。侍が串刺しにされて動けない私の首を切ろうとしたとき私は叫んだんだ。

『馬の首の方が、大きくて肉もたくさん取れるし、おいしいぞ、とるなら馬の首をとった方が得だぞ』。

でも、その侍は迷うことなく私の首を切って、腰の紐に結いつけてしまった。

上官であるモンゴル人司令官も首をとられて、侍の腰にぶら下げられている。その隣にぶら下がっているのが私の首だ。侍が駆けるたびにモンゴル人の首とぶつかり合うのですが、こいつは口臭がひどくてウンザリだ、息できないのに何でモンゴル人の口臭はこんなに臭いのだ。ああ意識が遠ざかっていく、後は知らない」。

二度目を弘安の役(一二八一年)という。このときは十五万の兵を送ったのだが、またしても無様にも負けてしっまた。今度は九州武士団の攻勢の前に上陸すら叶わなかった。これについても高麗兵の手記が残っている（著者注：これも著者の創作であり、史実ではない）。

「僕は前回の日本侵攻のとき、かろうじて生き残って帰国できたモンゴル出身兵士の一人です。あのときはいったん上陸はできたのですが、昼の戦いでは日本侍があまりに強くて我々は矢玉を打ち尽くし、味方もたくさん殺されたので船に逃げ帰ったのでした。船に戻るとき、浜を振り返ったのですが、転がっているのは味方の兵隊の死骸ばかりで、日本侍の死骸はほとんどありませんでした。その味方の死骸も日本刀で膾《なます》斬りにされ、五体満足な死体はありませんでした。

日本の馬はモンゴルの馬より小柄なのによく訓練されていて、軍馬としては大変優れた馬のようでした。投げた鉄砲《てつはう》を爆発前に後ろ足で蹴り返してくるのでした。

馬に不慣れな高麗兵は日本馬の突進から『アイゴー、アイゴー』と叫んで逃げ回わり、蹴り殺された高麗兵もたくさんいたのです。馬に殺されるほどですから高麗兵は役立たずでした。

あの戦いでは実は船に戻ってからが大変だったのです。船に戻り、これで日本侍から逃れられると安心していたのですが、深夜になって海が時化してきたのです。時化と言っても波のうねりが大きくなった程度なのですが、なぜか帆柱が勝手に外れて脱落するわ、竜骨がギシギ鳴り出して折れてしまうわで、船が勝手に分解し始めたのです。それで気がついたら僕は海に浮かんでいました。私は運良くまだ沈んでいない船にたどり着き、船に揚げてくれるよう助けを求めたのですが、なかなか揚げてくれませんでした。縁に手を掛けても高麗兵に外されるのです。なんて酷い（モンゴルイ）ことをするのでしょう。高麗兵はこう言いました。

『船に上げてほしけりゃ、銭を出せ』。

僕は腹に銭を入れた腹巻きをしていました。高麗兵はそれを見たのです。銭を渡すとやっと引き揚げてくれました。銭を持ち合わせていなかった他の兵は船には揚げてもらえず、それどころか、棒で叩かれ、沈められ、魚の餌にされました。

前回のことは思い出したくもありません。高麗に逃げ帰えることができた兵は出陣時の一割に満たず、あとは全員戦死しました。

今回は四倍の兵力で攻めかかるから、日本武士を打ち負かせると聞いてきました。前回の仇を取ってやろうと意気込んできたのです。しかし、上陸しようとしたら敵は浜に防塁（石垣）を築いて上陸させないのです。しかも、なぜか防塁の後ろではなく、前に布陣してカモンカモンしているではありませんか。これでは防塁を用意した意味がないはずです。防塁など頼りにしてないという日本侍たちの意思表示なのです。我が軍はこのキチガイ侍たちに恐れをなして、他の上陸地点を探して沿岸を彷徨ったのですが、キチガイ侍どもが陸地を追いかけてくるため、いつまでたっても上陸できなかったのです。そのうち、しびれを切らした侍たちは小舟を漕いで夜討ちをかけてきました。こちらの船によじ上ってきて、我々の首だけとって帰って行く、中には何個もの首を腰からぶら下げて戻って行く侍もいました。本当に日本侍は首が好きです。そうです、私は侍の腰にぶら下げられている首の一つなのです。隣にぶら下がっているのは幼なじみだが、目を合わせると声は出さないが泣いているのがわかります。彼には奥さんと子供がいます。可哀想に、日本侍はなんと酷い（モンゴルイ）ことをするのでしょう。日本に上陸したら日本女を相手に童貞を捨てようと思っていたのに、こんな目に遭うとは。これを『青春の蹉跌』と言うのでしょうか。馬の場合は『青春の蹄鉄』と言うそうです。ああ、気が遠くなってきた。あとは覚えていません」。

李氏朝鮮の誕生

日本遠征の失敗の後、モンゴルは衰退し、中原（北京周辺の中国中心部）では紅巾の乱をきっかけに明王朝が発足した。中原の覇者は明に代わろうとしていた。朝鮮妾にとっては旦那を代えるときが来たということである。旦那を代えるときは新しい旦那の前で前旦那を褒めてはいけない。前旦那を腐さなくては新旦那のお気に入りにはなれないからだ。そこで朝鮮妾は一三五四年、モンゴルに占領されていた地域に攻め込み領土を回復し、新旦那の機嫌をとった。さらに二年後の一三五六年、暴虐の限りを尽くしてモンゴル軍を半島から追い出した。その残忍なことと言えばモンゴルイことこの上なかったと伝えられている。恩を仇で返したわけだ。以後、恩を仇で返す行いは朝鮮妾の国技として定着する。

図で色の濃い部分で示された地域を中原という

参考：中原とは（ウィキペディアより）

中原（ちゅうげん）は中華文化の発祥地である黄河中下流域にある平原のこと。狭義では春秋戦国時代に周の王都があった現在の河南省一帯を指していたが、後に漢民族の勢力拡大によって広く黄河中下流域を指すようになり、河南省を中心として山東省の西部から、河北省・山西省の南部、陝西省の東部にわたる華北平原を指すようにもなった。

古代でいわゆる「中国」や「中州」、「中土」と同義で、異民族から隔てられる文明の中心地という意味があった。その後、南方へと発展していった漢民族にとって中原は民族の発祥の地とされてきた。また周王のいたこの地域は権力の象徴とみられることがあり、天下を取るために争うことを「中原に鹿を逐う」という成語が生まれた。

中国の大衆小説である武侠小説の世界においては、武林の覇権を争う場、もしくは世界の中心となる場、という意味で用いられることがある。

朝鮮妾はさっそく新旦那である明朝に取り入り、朝鮮王の称号をいただき悦に浸っていた。

李氏朝鮮の誕生である。一四〇一年の出来事であった。以後、李氏朝鮮は明を大中華と称し、自らを小中華と称することにより、夷狄で野蛮な日本に対し優越感に浸ることになる。しかし、その明にも衰えが見え始めた。一六三七年、旦那を明から清に代える。新旦那は朝鮮妾に対し明を攻撃するよう命じた。すると朝鮮妾は旦那が行うよりも残酷な仕打ちを明に対し与えたのであった。恩に報いて返す仇が過酷であればあるほど新旦那は喜ぶからだ。明から与えられていた恩義も仇で返したのである。朝鮮の国技が「恩を仇で返す」であることは前述した通りである。

さて、時はさらに二百年ほど経ち、朝鮮妾はそれはそれは甲斐甲斐しく旦那に尽くしていたのであった。毎年三千人の美姫を慰安婦として献上し、大清帝国の使者を迎えるための迎恩門を立て、清国から毎年検察に訪れる下級官吏を三跪《さんき》九叩頭《きゅうこうとう》の礼《れい》で迎えていた。まさにコバンザメの面目躍如たるものがある。しかし、その旦那がアングロサクソンに叩かれて大怪我をした。アヘン戦争である。この戦争を機に朝鮮妾の旦那である清国は衰亡へと向かう。そして、清国と朝鮮妾の隣国であり、中華冊封体制から外されていた夷狄の日本に大きな変革が起きた。蛮族である日本人が自ら大改革を成し遂げ、欧米化すなわちアングロサクソン化を政治経済体制で進めてきたのである。一八六八年、日本は明治維新を断行し、封建制を廃止し中央集権国家へと歩み始めた。

参考：三跪九叩頭の礼（ウィキペディアより）

叩頭（hengkin）とは額を地面に打ち付けて行う礼である。三跪九叩頭の礼では、

1．「跪」の号令で跪き、

2．「一叩（または『一叩頭』）」の号令で手を地面につけ、額を地面に打ち付ける。

3．「二叩（または『再叩頭』）」の号令で手を地面につけ、額を地面に打ち付ける。

4．「三叩（または『三叩頭』）」の号令で手を地面につけ、額を地面に打ち付ける。

5．「起」の号令で起立する。

これを計3回繰り返すので、合計9回、「手を地面につけ、額を地面に打ち付ける」こととなる。

紫禁城の前庭での国事祭礼において、皇帝の前で臣下が一斉におこなった。また、琉球王朝や李氏朝鮮では、中国からの勅使に対し、王が王都の郊外に出向き、自ら三跪九叩頭の礼で迎えていた。その郊外の地が琉球の場合は守礼門であり、朝鮮の場合は迎恩門である。

叩頭礼は本来、神仏や直系尊属に対して尊敬の念を示すために行われた礼であった。明の時代になって、大臣たちが皇帝に示す一種の礼儀として叩頭礼が始まったが、当時は「五拝三叩頭の礼」であった。藩属国の朝貢使が入京して皇帝に会うときも、この礼をすることが必要とされるようになった。満洲人は天に対する礼拝に三跪九叩頭の礼を用いており、清が北京に入って後、三跪九叩頭の礼が明代の五拝三叩頭の礼にとってかわった。

参考：アヘン戦争（ウィキペディアより）

阿片戦争（アヘンせんそう、中：第一次鴉片戰爭、英：First Opium War）は、19世紀前半に清へのアヘン密輸販売で巨利を得ていたイギリスと、アヘンを禁止していた清の間で１８４０年から２年間にわたり行われた戦争である。

イギリスは、インドで栽培し製造したアヘンを、清に密輸して広く組織的に販売し収益を得ていたため、アヘンの流通販売や摂取を禁止していた清との間で戦争となり、イギリスの勝利に終わり、１８４２年に南京条約が締結され、イギリスへの香港の割譲他、清にとって不平等条約となった。

なお、アロー戦争を第二次とみなして第一次アヘン戦争とも呼ばれる。

アヘン戦争で清国の弱体ぶりを見たロシア帝国が南下を始めた。愛琿条約でシベリアから日本海に進出したロシアは日本海を下り対馬朝鮮海域に拠点を築こうとしていた。一八六一年、ロシア軍艦対馬占領事件で対馬占領に失敗したロシア帝国は、今度は朝鮮妾に的を変えてきた。日本は武士道の国であり、他国による干渉は断固排除することを国是とするため、ロシアによる領土干渉を排除したが、そこは妾コバンザメ国家は違う。今の旦那より良い旦那が現れれば、そちらに乗り換えるのが妾道の王道であるゆえ、朝鮮コバンザメ妾はロシア帝国に粉をかけ、秋波を送ったのであった。いつロシア帝国が新旦那に変貌するかわからないからである。知らぬは旦那のみであった。単純明快なる武士道とは異なり、斯様に妾道とは過酷なものなのである。

現旦那である清国が落ちぶれたのは明治二十七年（一八九四）であった。蛮族であり夷狄のはずだった日本が明治維新後急速に近代化し、西洋式兵器で武装して清国と朝鮮妾の所属を争い、その争奪戦に勝ってしまったのである。世界の目は腐っても鯛であり、眠れる獅子とも言われていた清国が小さな列島国家日本に負けるなどということは想像だにしなかった。日本にすれば朝鮮半島がロシアの勢力圏に入るということは絶対に避けなくてはならないことであった。

ここで留意すべきことは、朝鮮妾にとって清が落ちぶれてしまってもそれは悲しむべきことではないという現実である。武士道の国日本に住む我々には理解しがたいことではあるが、妾にとって旦那候補が多ければ多いほど自分の値を釣り上げることができるから、それは歓迎すべきことなのである。

今にして思えば清国が落ちぶれて、ロシア帝国と大日本帝国の両方から誘われていたこの時期、すなわち日清戦争から日露戦争の間が二股三股情婦として最も幸せだったのかもしれない。

大韓帝国として独立

清国に勝利した大日本帝国は朝鮮を大韓帝国として独立させた。妾業を辞めさせ、自立させたのである。しかし、妾にとって自立ほど過酷な業態はない。コバンザメに他者に寄生するのはやめ、自分の力で泳ぎ、餌を採れと言っているようなものだからだ。

朝鮮妾は旦那を清国から大日本帝国に取り替え、一応自宅を構えて新旦那からの援助も得て（韓国統監府）自活し始めたかのように見えたのであるが、その七百年にわたる妾の習性を正すことは叶わなかった。

新旦那の大日本帝国は再び〝間男ロシア〟を討つべく立ち上がる。日露戦争の勃発である。明治三十七年（一九〇四）二月の出来事であった。

この戦争でも当初負けるのは大日本帝国であると世界は予想していた。〝眠れる獅子〟と見なされていたが実際は〝眠れる豚〟であった清国を相手にした戦いには勝てても、正真正銘の陸軍大国であり、欧州戦線ではナポレオンをも撃退した歴戦の強者《もさ》であるロシア帝国を相手にしては、さすがに小さな列島国家が勝利する見込みはないものと見なされていた。この戦いで英米は大日本帝国を支援したが、その理由は日本にロシア帝国の極東における南下を抑えさせたかったからである。

大日本帝国陸海軍は大国ロシアを相手に見事な勝利を収めた。白人列強を代表する強国であるロシア帝国を有色人種の軍隊が打ち負かしたという事実は、世界中で白人による植民地主義に苛《さいな》まれていた有色人種を勇気づけるものであった。ただし朝鮮妾を除いての話である。

朝鮮人は自国の領土とそれに隣接する満洲で起きた大戦争の人類史に与える歴史的意義などはまったく知るよしもなかった。彼らにとって重要なことは自分が如何にしてその環境で食べていくかであり、人類に与える崇高なる意義などには何の関心もなかった。下衆《げす》なる妾根性とはそういうものなのだ。自分さえ食えていければ他人のことなどどうでも良いのである。そこまでドライに割り切らないと旦那の関心を繋ぎ止めることはできないからだ。

日露戦争に勝利した大日本帝国という新旦那（新丹那ではない）は今度こそは朝鮮妾を独占できるものと活き立ったのだが、やはり一筋縄ではいかなかった。二股三股行為を辞めないのである。日露戦争後、いや戦中も新旦那と日韓協約と呼ばれる約束を結び浮気はしないと誓ったのだが、やはりロシア帝国への未練は捨てがたく、粉をかけ、秋波を送り続けていたのである。下衆も極まれりである。協約を結んだということは男女の仲に例えるなら、愛人認定または恋人認定に等しいと思われるが、下衆女の浮気癖が矯正されることはなかった。知らぬは男だけだったのである。悲しいことではあるが。妾の性《さが》とは出生後に獲得される形質ではなく、生まれながらに備わる習性である。本能なのだから矯正しようがない。もしそれが可能であるなら、木を見た猿が木に登ることを止めるであろうし、鼠を見た猫が鼠を追いかけることを止めるであろう。

強欲多情な女もその習性は本能からくる。それは生物学的に要求される本能である。非力で捕食能力に雄よりも劣る雌は、その生活を雄に頼ることになる。子が産まれればなおさら、力のある雄を頼ろうとする。雄は食糧を確保し、雌は子を産み育てるという因果が存在する以上、避けることのできない生き物の宿命である。しかし、朝鮮妾は子もいないのにそれをやるから世間の顰蹙《ひんしゅく》を買う。子を育てるために必要に迫られ、道義に劣る行為であると自覚して行為に及ぶ一般女性とは異なるのである。二股三股四股多股は朝鮮妾の遺伝子に組み込まれた本能なのである。

日露戦争終結後も朝鮮妾は日本旦那には内緒でロシアに秋波を送りつづけ、なんと釜山の港をロシア海軍の軍港に提供しても良いと言い出したのである。釜山がロシア艦隊の母港となれば、夜影に乗じて出港すれば数時間後には北九州沖に到達し、日本旦那が有する唯一の近代的製鉄所である八幡製鉄所を砲撃できる。大日本帝国は軍艦の建造も銃火器の製造も困難となる。朝鮮妾は間男擬《もど》きのロシアに日本旦那の心臓部を攻撃させる手段を与えようとしていた。旦那殺しを間男と謀議していたのである。一体何のための日露戦争の勝利だったのかと日本旦那は嘆くばかりであった。大韓帝国という国家を消滅させ、大日本帝国に合併するしか残された手立てはなくなっていた。

結局、日本旦那は性悪女であって貞操意識に欠ける気来があるとはいえ、ロシア帝国という間男擬きの南下を防がなくてはいけないから、入籍という究極の手段に打って出るところとなった。これが日韓合邦である。

日露戦争から日韓合邦までの間、大韓帝国内においては親日派と親露派との間に葛藤があった。これらの詳細については従来より何度も歴史家により報告されており、ここでは触れない。本章の趣旨である日韓関係を男女関係に喩えてみるという試みから言えば、揺れ動く乙女心と形容できるかもしれないが、打算に揺れ動く妾心と表した方がより正確であろう。結論的には第一章で紹介した通り、純宗が李完用首相に日韓併合を指示し、親日派が勝利することになった。

参考：日清戦争から日韓併合へいたる年表

一八九四年（明治二十七年）七月二十五日　日清戦争が勃発。
一八九五年（明治二十八年）三月　日清戦争が終結。
一八九七年（明治三十年）八月　年号を建陽から光武に改元。
十月　高宗が皇帝に即位し、国号を大韓帝国とする。
一八九八年（明治三十一年）二月　大院君、死去。
九月　高宗の暗殺未遂が起こる。
十二月　独立協会の指導者の逮捕命令により、李承晩らが逮捕される。
一八九九年（明治三十二年）六月　大韓国国制を制定（八月に発布）。
十一月　韓清通商条約（韓清修好条規）を締結。
一九〇〇年（明治三十三年）　軍人勅諭を制定する。

一九〇四年（明治三十七年）李承晩が釈放される。

　二月　日韓議定書が成立する。

　八月　第一次日韓協約が成立する。

一九〇五年（明治三十八年）第二次日韓協約が成立する。

一九〇六年（明治三十九年）韓国統監府が置かれる。

一九〇七年（明治四十年）六月　ハーグ密使事件起こる。

　七月　高宗が皇帝を退位し、純宗が皇帝に即位。

　同月　第三次日韓協約が成立する。

一九〇八年（明治四十一年）三月　大韓帝国外交顧問である米国人ダーラム・ホワイト・スティーブンスがサンフランシスコで韓国人国粋主義者により暗殺される。

　四月　韓国標準時が制定される。

一九〇九年（明治四十二年）十月　元韓国統監伊藤博文がハルビン駅で安重根に暗殺される。

一九一〇年（明治四十三年）日韓併合条約により、大日本帝国と併合する。

参考：日韓協約とは（ウィキペディアより）

日露戦争から韓国併合にいたる1904年〜1907年の間に、日本と大韓帝国（李氏朝鮮、韓国）との間で締結された3つの条約の総称。これらの条約により日本は韓国を事実上の保護国とし、1910年の韓国併合へ進んでいくことになる。現在、大韓民国においては日本の圧力の下で調印された条約であり、そもそも無効であるという主張が強くなっている
第一次日韓協約（1904年）　韓国の財政と外交の顧問に日本の推薦者をおくことを定めた。
第二次日韓協約（1905年）　韓国は外交権を日本に譲渡し、日本の保護国となった。
第三次日韓協約（1907年）　韓国の高級官吏は日本がおいた韓国統監府が定めた日本人になる事が定められ、内政も日本の管理下に入った。

参考：伊藤博文と韓国併合

維新の元勲伊藤博文は日露戦争後、韓国の自立に尽力したことで有名である。伊藤は韓国併合には反対しており、あくまでも韓国の自立を促す政策を主張していた。伊藤が安重根に暗殺されたことにより日韓併合反対論は収束し、併合論が加速した。安重根は韓国にとって独立の英雄どころか日韓併合の立役者であったということである。

伊藤博文による韓国自立化年表（ウィキペディアより）

1905年11月、特派大使として韓国に渡り、ポーツマス条約に基いて第二次日韓協約（韓国保

護条約）を締結する。

１９０５年11月22日、投石により韓国内で負傷する。

１９０５年12月、韓国統監府が設置され、初代統監に就任する。

１９０６年２月、日本公使館を韓国統監府に改め、国内12カ所に理事庁、11カ所に支庁を置く。

１９０７年６月、ハーグ密使事件。

１９０７年７月、京城（ソウル）にて新聞記者達の前で「日本は韓国を合併するの必要なし。」と演説する。

１９０８年、韓国銀行（のちの朝鮮銀行）を設立する。

１９０８年９月、京城（ソウル）に朝鮮皇室博物館（現：韓国国立中央博物館）を造営する。

１９０９年６月、韓国統監を辞任する。

１９０９年10月、ハルビン駅で安重根に暗殺される。


さて、朝鮮妾は晴れて大日本帝国に入籍し妾人生を卒業することになった。新妻人生も良かろうと入籍後はおとなしく旦那の言うことを聞いていた。なぜなら新旦那の大日本帝国は気前よく教育、司法、行政の制度を作り、鉄道や道路を作り、電気まで敷いてくれて近代化に貢献してくれたからである。真面目で働き者だった旦那さんに災難が降りかかったのは入籍後三十年であった。

第五章　慰安婦国家韓国

妓生と呼ばれる韓国の売春婦

韓国にも誇りとすべき歴史事象があると言えば、正常なる感覚を有する日本人であれば誰しもが「あり得ない！」と信じないであろう。かく言う著者も最初はあり得ないと考えていた。なぜなら、韓国に誇るべき点があるなら、売春婦が蔑まれることはないと考えるからである。

前章では韓国の「妾道＝慰安婦道＝売女道＝場末の売れないホステス道」とも呼ぶべき韓国の国格国是について論じた。もしも、売れないスナックのママの如く、旦那を取っ替え引っ替えして、店賃を工面するその手法が、それはそれで優れた作戦であると考えるなら、妾道も誇り高き歴史事象と様変わりするのではないだろうか。

フンコロガシにも糞を食す理由があるし、生きるプライド、人格ならぬ虫格があるのと同じである。食糞という行いも売女道も端から見ればお世辞にも褒められた生き方ではないが、そんな侮蔑されるべき生き方を誰が非難できようか。糞を食わねばフンコロガシは死滅するのと同様に、朝鮮人も慰安婦道を止めれば死滅するのである。大和民族であれば糞を食ってまで生き延びるくらいなら絶滅した方がましであると考えるであろうが、人それぞれであるように、民族もそれぞれである。朝鮮民族が自ら選んだ国是が慰安婦道であったのだから、それはそれで良いではないか。何百という人種が存在する中で、一つくらいフンコロガシの如き人種が存在したとしても良いだろう。韓国には食糞という文化があると聞くが、それはフンコロガシとは違う趣旨であろうと著者は考えるからここでは取り上げない。

実際、韓国には妓生《キーセン》と呼ばれる売春婦が李氏朝鮮以前から存在しており、中原の宗主国からの使いが来ると、それはもう濃厚なる性的サービスを提供していた。いわば国家売春婦であり、国家公務員としての売女であった。

儒教の国では男は終日天下国家を語り、生活を支えるのは女である。女がもっとも手っ取り早く金を稼ぐ手段はローマの昔より〝春をひさぐ〟こと、すなわち売春である。結局、韓国では男は空理空論を振り回し、女が売春で金を稼いで男を食わせるという図式が行われてきた。国の成り立ちそのものが売春であったということである。

慰安婦像は韓国にとって単なるモニュメントではなく、国の象徴そのものである。だから各地に慰安婦像を建てたがるのだ。

日本の場合、国の象徴は天皇陛下であり、象徴を表現する印は神社と鳥居である。

参考：妓生（ウィキペディアより）

妓生（きしょう）とは、元来は李氏朝鮮時代以前の朝鮮半島に於いて、諸外国からの使者や高官の歓待や宮中内の宴会などで楽技を披露したり、性的奉仕などをするために準備された奴婢の身分の女性（「婢」）のことを意味する。

甲午改革（1894年）で法的には廃止されたが、後に民間の私娼宿（「キーセンハウス」など）

1904 年の妓生の少女たち

妓生（1910 年）

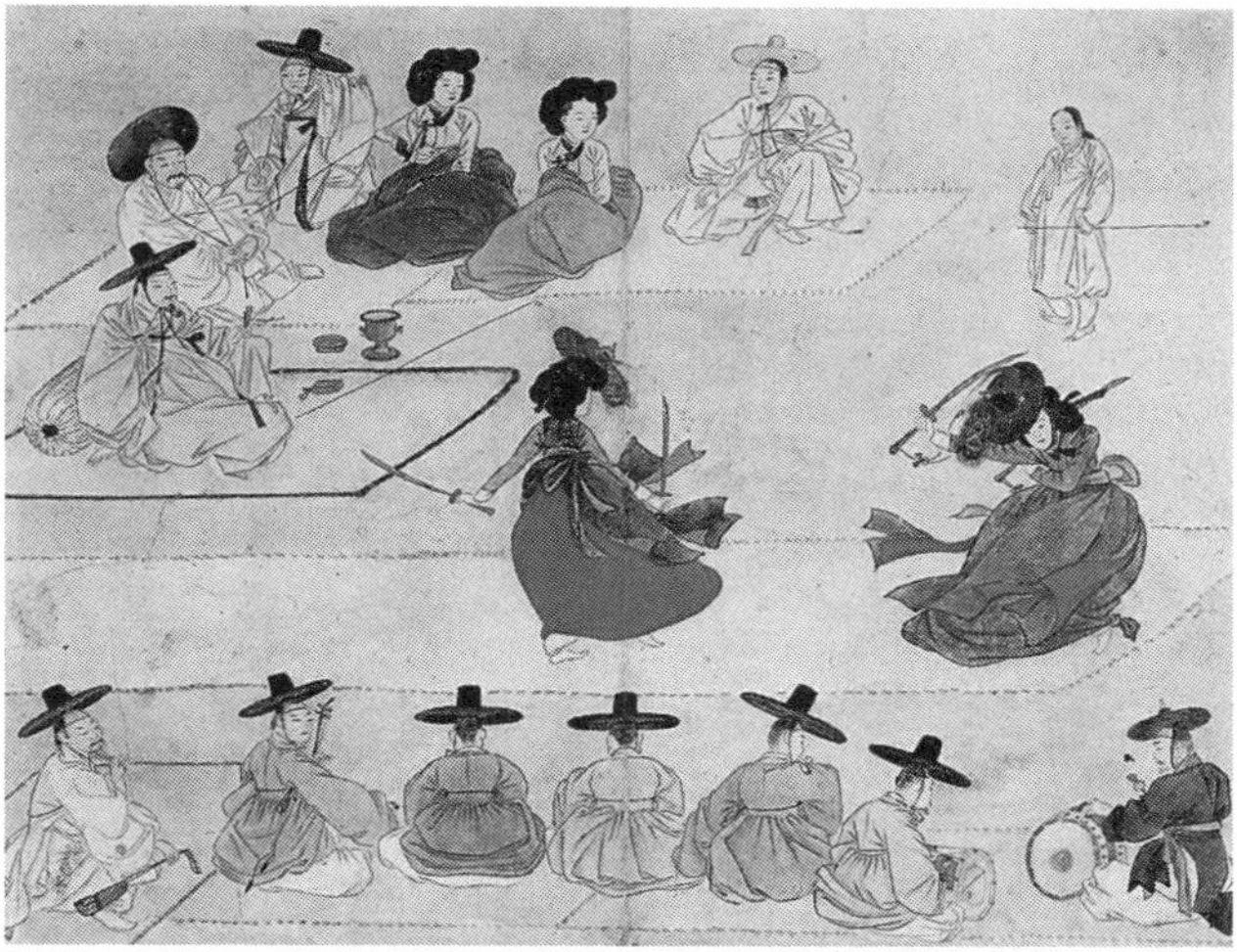

晋州の妓生の剣舞（申潤福『雙劍對舞）

平壌にあった妓生学校（慰安婦の学校）

の呼称として残存し、現在に至る。

朝鮮の地政学的な位置

地政学という学問がある。地形、地理と政治の関係を研究する学問である。半島国家を地政学的に考えると、なぜ朝鮮半島は事大主義という〝妾の正道〟を歩んできたのかという理由を理解できる。

支那大陸に隣接した半島国家で中原に吸収されずに生き残っている国家は朝鮮半島だけと言っても過言ではない。支那大陸に接続する半島としては雷州半島、山東半島、遼東半島、朝鮮半島が存在し、雷州半島は南支那海、残りは黄海に面して存在する。遼東半島にも山東半島にも古代には独自国家は存在していた。

山東半島には春秋戦国時代には斉（せい、紀元前一〇四六年─紀元前三八六年は周代、春秋時代、戦国時代初頭にわたって現在の山東省を中心に存在した国家）という国家が存在した。しかし、後に支那中原の国家である秦に吸収され消滅した。結局、いまだに国家として生き残っているのは朝鮮半島のみである。

半島国家は防御するに不利である。特に内陸と半島の境界に大きな山脈、大きな河などの自然の要害がない限り、大陸から攻められれば半島を海に向かって逃げるしかなく、海に達すれば後は船を漕いで逃げるしかないのだが、船がない場合は白旗を揚げて奴隷になるか、皆殺しにされ絶滅するかのいずれかを選択するしかなくなる。

遼東、山東、朝鮮の三半島はこれといった地形的要害は存在しない。天然の要害が存在しないからこそ、中原の王朝は満洲との国境に万里の長城を築いたわけである。

世界を俯瞰すれば半島国家でありながら巨大な帝国を築いた国家が存在する。イタリア半島のローマ帝国、イベリア半島のスペインとポルトガルなどである。これらの半島国家の場合、大陸との間に険しい山岳地帯を抱えている。イタリアはアルプス山脈、イベリア半島は

遼東、山東、朝鮮の３半島

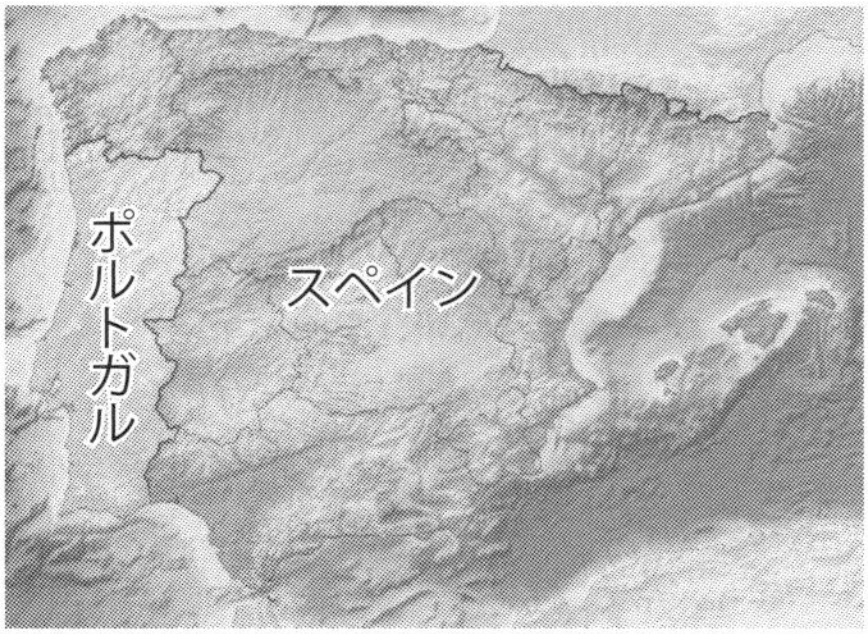

イベリア半島

ユトランド半島

ピレネー山脈である。半島国家の盛衰は内陸との間に天然の要害を有するかどうかで決まるといっても過言ではない。もしもピレネー山脈がなければ、あの大航海時代に南米やアフリカに巨大な植民地帝国を築くことはできなかったであろう。イベリア半島の後背は大国フランス王国であったから、対フランス防衛に資源を取られて海洋へ進出する余裕はなくなっていた可能性が高い。

朝鮮半島は大陸から直接的影響を受ける。十九世紀中頃までは半島の北も西も清国に囲まれ、それ以降、北はロシア帝国、西は清国、東と南は海を隔てて太古の昔から日本に囲まれている。世界的に見て見ると半島国家でこのように四方が大国に囲まれている例は他にない。上記のイベリア半島もイタリア半島も北側以外はすべて海であり、その向こうに大国は存在しない。デンマーク王国が位置するユトランド半島は、南にドイツという大国を抱えるがドイツ以外に大国には囲まれていない。

ノルウェー、スウェーデンが位置するスカンジナビア半島も大国とは接しない。バルカン半島の歴史は朝鮮半島に類似しているかもしれない。ただ、朝鮮と異なる点は、古くから周辺大国（ローマ帝国、オーストリア・ハンガリー帝国、オスマントルコ等）の係争地として大国による占領、併合が繰り返されてきた点である。ヨーロッパの火薬庫と呼ばれ、紛争対立を起因とする戦争が絶えなかったのもこの地域である。一九一四年六月二十八日にオーストリア＝ハンガリー帝国の皇帝・国王の継承者フランツ・フェルディナントとその妻ゾフィーが、サラエボ（当時オーストリア領、現ボスニア・ヘルツェゴビナ領）を視察中、ボスニア出身のボスニア系セルビア人の青年によって暗殺された。この事件が第一次世界大戦の発火点となった。現在はアルバニア、マケドニア、セルビア、モンテネグロ、クロアチア、ボスニア・ヘルツェゴビナ、ブルガリア、コソボ、トルコ、ギリシアの十ヶ国に細分化されているが、現在の姿が本来の民族ごとの国境を示している。

地球上で朝鮮半島に類似している半島といえばこのバルカン半島のみであろうが、朝鮮半島のように統一民族は存在せず、それゆえ半島全体を一民族が支配することもない。紛争の

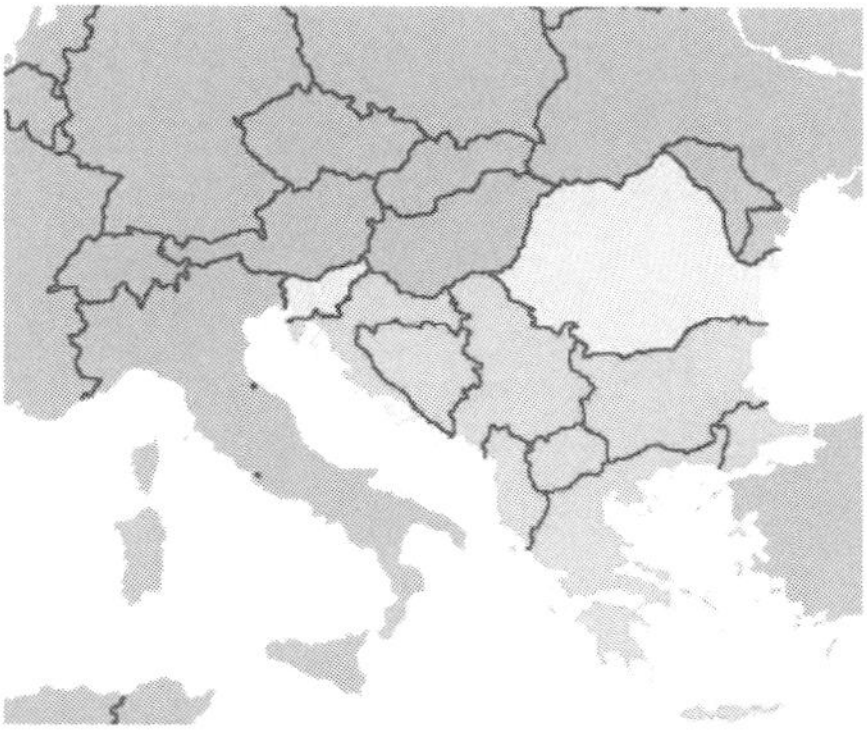

イタリア半島とバルカン半島（島嶼部を除く）

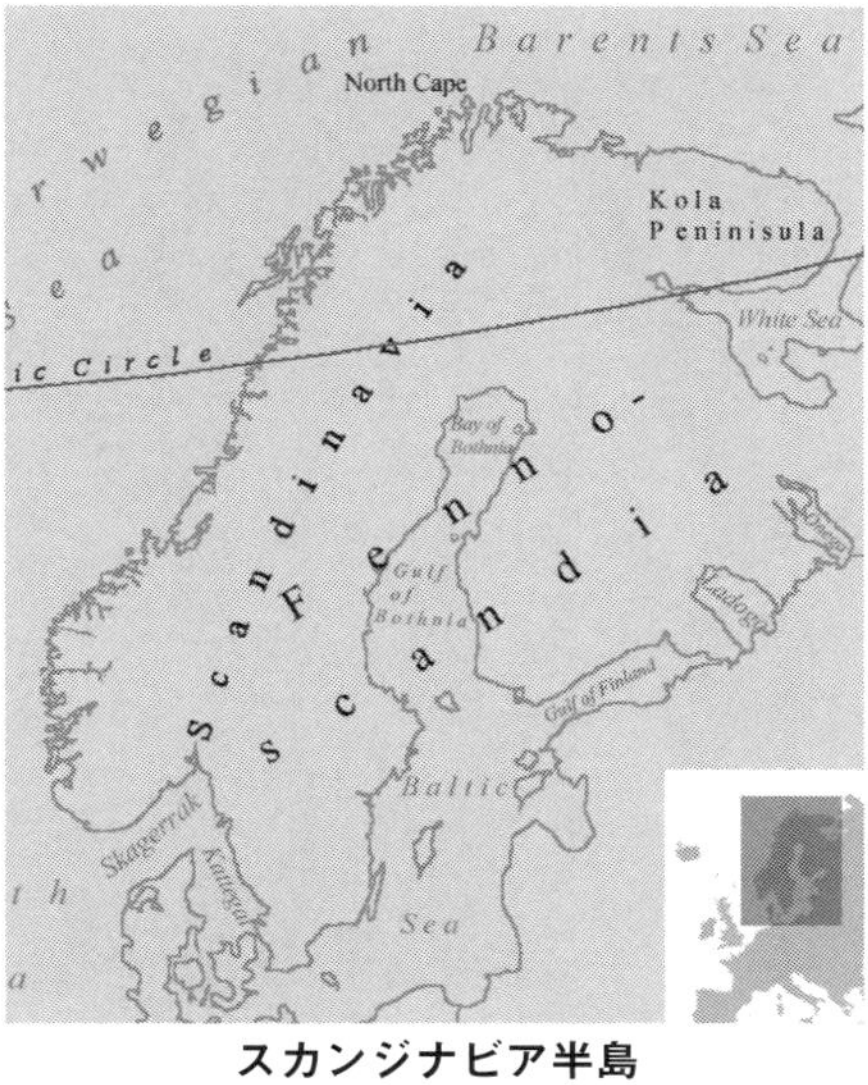

スカンジナビア半島

火種になってきたことは朝鮮半島の歴史と一致するが、民族の多様性はまったく異なる。民族が多様であれば民族間の紛争も増えるし、その紛争に周辺大国が介入することも日常となることは当然であり、ある意味正常な状態ともいえる。しかし、朝鮮半島の異常さは半島に単一民族しか存在していないのに、なぜか紛争の火種を作り出してきたことである。

単一民族なのに、周辺大国に紛争の火種をまき散らすことにかけては天才的才能を発揮するのが朝鮮民族である。現在でも南半分は慰安婦問題を捏造し、日本と米国を手こずらせているし、北半分は核ミサイルが完成したら、米国と日本に打ち込んでやると恫喝し、起こさなくても良い紛争を引き起こしている。

中華圏内の半島国家の中で、いまだに属国であれ何であれ、国家としての体裁を保っているのは朝鮮半島のみである。これは〝あっぱれ〟と言うしかない。

なぜ、朝鮮半島は中原に吸収されずに生き残っているのか。それは事大主義という名の〝お妾戦法〟による。大陸の大国には妾のように振る舞い、旦那の権勢に媚びて振る舞うのである。時には旦那の〝虎の威〟を借りる。旦那が落ちぶれたら、ただちに次の旦那に宿主を変える。このようにして、朝鮮は前漢以来の支那王朝と、日本、ロシア、米国へと旦那を取っ替え引っ替え生き延びてきた。取り替えるたびに新旦那の前では、前旦那をくさしてきた。まるで、場末のスナックのママのような生き方ではあるが、それを国家単位で、二千年以上にわたって行っているわけだから、たいしたものだ。

単一民族で安定しているはずなのに、周辺国に紛争をまき散らすことができる訳が上述した「妾＝慰安婦道」なのである。ここまで来ると、朝鮮人にとって妾道＝売女道＝場末の売れないスナックママ道（コバンザメのように背中に吸盤を持つ）＝慰安婦道は、それそのものが朝鮮人国家の成り立ちであり、国是であり、国体なのである。

韓国の処世術

ここで一つの結論を見いだせる。韓国朝鮮とは「国家そのものが慰安婦なのである」。だから、国中どころか海外にまで慰安婦像を建てたがる。我々日本人は万世一系たる世界最長二千六百年の皇統を有する天皇陛下が国の象徴であり国家元首であるが、韓国では慰安婦像が国家の象徴であり実質的に国家元首なのである。恐れ多いことである。

地政学的な韓国の立場を考えれば、〝慰安婦的処世術〟を誰が非難できようか。いまだ独立国家として存在していること自体が驚異であり、褒め称えられるべき存在ではないだろうか。慰安婦道こそ彼の国の誉れなのだ。世界の売春婦は韓国に集合し、総本山を建立すべきである。もちろん、ご本尊は慰安婦像でなくてはならない。バチカンがカトリックの総本山であるように、ソウルの日本大使館前を慰安婦総本山とすべきである。もちろん、我が国は大使館を撤去して国交を断絶し、土地を提供することにより慰安婦総本山建立に協力しなくてはならない。

もしも日本人が朝鮮半島に住み、武士道を発揮していたなら、それは中原を制するか、半島で滅亡するかの二者択一しかなかったであろう。武士道では、たとえ〝ホモ侍〟であっても〝慰安婦道〟を容認しないからである。しかし、韓国人は最初から「中原を制する」ことも、「半島で滅亡する」ことも拒否して、慰安婦国家として生きる道を選んだのである。それはそれとして、お世辞にも尊敬せよとは言わないが、一つの処世術として認めても良いのではないだろうか。フンコロガシにも一理あるように、慰安婦国家にも一理あるのだ。ただし、武士道は慰安婦道とは相容れない以上、付き合う必要はなく、断交すべきである。

フンコロガシ

第六章　男の顔が見えない雄アンコウの国

寄生魚に譬えられる韓国

韓国という国を例えるのに寄生魚である「コバンザメ」を引用されることが多い。この種類の魚は片利共生といって一方が共生によって利益を得るが、もう一方にとっては共生によって利害が発生しない関係である。宿主に害はないので、厳密に言うなら韓国朝鮮には当てはまらない。韓国の場合、寄生する相手の宿主に害悪を与えるので、片利共生ではなく、寄生ないし片害寄生である。

生物間の種間関係は、その種が利益を得るか（＋）、利益を得ないか（０）、害を受けるか（－）の関係で、表3のように表されるそうである。

参考：コバンザメ（ウィキペディアより）

最大で１１０㎝・２３００ｇになるが、通常は70㎝程度。体長は体高の8—14倍程度。背鰭は32—42軟条、臀鰭は29—41軟条。頭部の背面に小判型の吸盤があり、これで大型のサメ類やカジキ類、ウミガメ、クジラなどに吸い付き、えさのおこぼれや寄生虫、排泄物を食べて暮らす（片利共生）。吸盤には横（背骨と垂直方向）に18—28枚の隔壁がある。この隔壁はふだんは後ろ向きに倒れており、動いている大きな魚の体表などの面に吸盤が接触するとこれらは垂直に立ちあがる。このとき隔壁と隔壁の間の水圧が周囲の海水の圧力より小さくなり、これによって吸盤は面に吸いつく。吸いついたコバンザメを後ろに引くと隔壁の間の水圧はさらに小さくなるので吸盤はさらに強く吸いつく。反対にコバンザメを前に押すと隔壁がもとの位置に倒れるとともに吸盤内の水圧が上がり、吸盤は面からはずれる。このしくみによって、彼らは自分がくっついた大きな魚などが速く泳いでもふりはらわれずにすみ、また離れたいときは大きな魚などより少し速く泳ぐだけで簡単に離れることができる。体側には太い黒線と、その上下を走る細い白線がある。

寄生側利得	宿主側利得	種間関係
＋	＋	相利共生
＋	0	片利共生
＋	-	寄生、捕食
0	0	中性
0	-	片害
-	-	競争

表３　生物間の種間関係

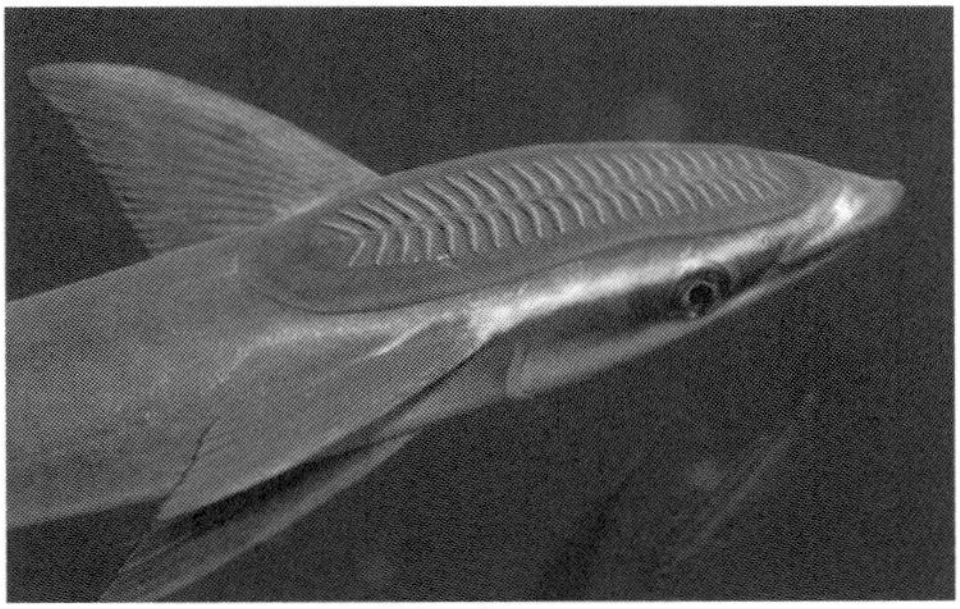

頭上の小判型の吸盤

サンゴ礁に生息するコバンザメ

男らしさを失った韓国

次に韓国朝鮮の男について論じよう。

北朝鮮の地方都市の様子を撮影したビデオを視たことがある。田舎の屋台の商売風景だった。そこには日本の屋台風景とは異なる異様なる光景が映し出されていた。屋台で物を売ったり商売しているのは女であり、男たちは屋台の裏の地べたに座り込み、タバコを吹かしながら駄法螺を吹いている。これは不思議な光景である。日本の屋台では夫婦そろって店頭で商売するか、男が中心となって店を運営していく。朝鮮では仕事の主人公は女性であり、男は働かないものらしい。

著者が高校生だった頃、古典の授業で先生が「儒教では男は政治経済など天下国家を語り、下世話な仕事は女や奴隷にさせるものとされている」と教えてくれた。韓国は儒教の国であるから、男は朝から天下国家を論じ、生活に必要な下世話な労働は女がするものとされていてもおかしくはない。女が働いて男を食わせる文化ということである。女が働いて最も効率的に収入を得ることができる職種は何であろうか。答えは簡単である。春をひさぐ（売春）ことである。

儒教の教えを追求すれば、女は売春婦になるということだ。売春婦にはポン引きが必須となる。これはローマの昔から変わらない。結局、儒教の国である韓国では女は売女、男はポン引きないし女衒《ぜげん》となり、国家が維持されることになる。慰安婦問題も同じ俎上にあり、韓国は慰安婦なしでは国家が持たないゆえ、売春ビジネスのみならず、売春後もビジネスに結びつけようとする。韓国の売春婦は若いときだけが仕事のときではない。老後も隙あらば若いときの売春を商売に結びつけようとする。それが慰安婦問題なのである。彼女とその元ポン引きは、売春後半世紀を経ても集《たか》ることのできる日本という国家を見いだした。強制的に売女にさせられたという嘘を捏ち上げ、賠償を要求するという新たなビジネスパターンを見いだしたのである。しかも、この慰安婦賠償ビジネスは一石二丁であった。ビジネスになるだけではなく、日本というアジア人として初めて白人と同格の扱いを受けた一等国民を貶めることができる。自分たちと同じ三等国民に貶めてやろうと必死である。それにより、「強制的に近代化された」という「無能扱い」への仕返しをできると踏んだのである。

賢明なる読者諸兄であればすでにおわかりであろう。この韓国という国に〝男らしさ〟を感じられないことを。男の持つ責任感、決断力、勇気、包容力、プライドなどは微塵も感じられない。韓国という国は〝女性国家〟いや〝慰安婦国家〟なのである。女性に労働を求め、男が空論を談天するような国家は売春が主産業となり、国家としての男らしさを失ってしまう。

前段では韓国という国家をコバンザメに譬えたが、韓国の男を何に譬えればよいのかを考えてみた。そこで思い浮かんだのがアンコウの雄である。アンコウの一部の種では、オスはメスよりもかなり魚体が小さく、メスに比較して十分の一に達しない種類もある。オスは深海でメスを見つけると、メスの体に齧《かじ》りつく。するとオスはメスの皮膚と融合し、血管までもメスと繋がる。栄養もメスの体から供給を受ける。まさに「ヒモ」状態となる。

眼は消滅し、なんと内蔵すら退化してなくなってしまう。その一方で、メスの卵巣が発達するとオスは精巣を巨大化させる。オスはメスに精子を供給するだけの〝ヒモ〟となる。このヒモは最終的にはメスの体内に吸収され完全に同化する。オスの顔はメスの体に埋まって外からは見えなくなる。男の顔が見えないという意味で、韓国の男とチョウチンアンコウのオスは共通している。

著者は自身のラジオ番組で使用するためギャグ格言を創作しているが、その中に「パンツの〝ヒモ〟は伸びてから切れるが、女の〝ヒモ〟はいきなり切られる」というものがある。アンコウのヒモの場合、いきなり切られることはないが、女の体に吸収されるようである。どちらが幸せでどちらが不幸であるかは読者の判断に任せる。

韓国の男は〝提灯アンコウ〟のオスと同じで、メスに寄生するポン引きに等しい。韓国はその歴史の中で千回近く侵略を受けたが、一度も戦に勝ったことがないという。オスアンコウの如きポン引き野郎が戦争に勝てるわけなどないことは火を見るよりも明らかなことである。一九五〇年六月に勃発した朝鮮戦争で韓国兵は逃亡ばかりして戦の役には立たなかった。北鮮兵も同様で逃げ回っていた。戦っていたのは米軍と中共軍であった。

著者が最も笑える韓国ネタは、韓国製戦争映画である。韓流ＴＶドラマも歴史的な捏ち上げばかりである。韓国製戦争映画は基本的な部分からしてインチキである。なぜなら、韓国兵は戦意が高く勇猛果敢で、敵前逃亡などするはずがないという欺瞞を基につくられているからである。朝鮮戦争時韓国兵は逃げ回っていた。しかも、武器を捨てて蜘蛛の子を散らすように逃亡するから、共産軍は弾を使わなくてすむどころか、優秀であるゆえ共産軍兵士のあこがれだった米国製武器弾薬を簡単に手に入れることができた。

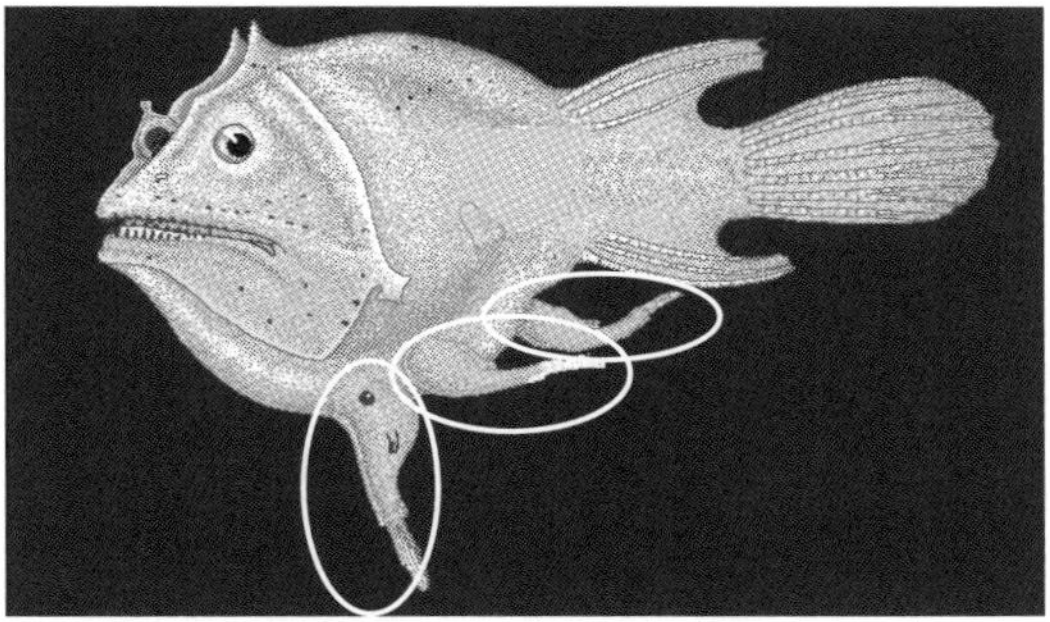
雌に寄生する雄アンコウ（雄の顔が見えない）
©Robbie N. Cada

ある戦線で米軍は韓国軍部隊から救援要請された。それで米軍が駆けつけてみると、そこには韓国軍の武器が散乱し、軍服まで脱ぎ捨ててあった。捨てられた軍服の中には部隊長の物も含まれていたという。軍服を着ていると共産軍に捕まったとき射殺されるから、民間服に着替えて逃亡したのである。映画に見られるように韓国兵が死を賭して戦ったのであれば、米軍が救援に駆けつける必要もなかったし、米軍に五万人もの戦死者が出るはずもなかったのである。戦争中韓国軍将官の中には武器を北鮮に横流しして儲けている輩も存在したという。

朝鮮戦争は中共軍と米軍を中心とする国連軍によって戦われた。韓国軍も北鮮軍も逃げ回っていた。これが実態である。韓国製戦争映画はお笑いショーの一種であると考えて観た方が良い。なぜなら、敵前逃亡専門であった韓国兵が実は勇猛果敢であったなどという設定自体ギャグに等しいからだ。

戦わずして逃げ回り、国のために血を流すことはない。儒教思想が結果として男を軟弱にし、戦闘力のないアンコウのオスのような腑抜けた男を量産する。その結果、周辺強国に翻弄されることになるが国家として消滅することはない。

朝鮮男の不甲斐なさ

朝鮮男の不甲斐なさは慰安婦が主張する二十万少女の強制連行にも表れている。自国の女子供が誘拐されて売春婦に仕立て上げられようとしているのに、朝鮮の男はそれを黙って見ていたというのである。自国民の女が二十万人も売女として連行されているのに、何の抗議行動もとらず、阻止行動もとらない。妻や娘が官憲に強制連行されていくのを黙ってみている男がこの世にいるとは思えないが、朝鮮半島では男とは全員そういうものらしい。やはり、韓国男は腰抜けであり、提灯アンコウのオスと喩えるのが正しい選択である。

もちろん二十万人連行などという話はガセである。話を膨らませて日本人に贖罪意識を植えつけ賠償金を毟《むし》り取ろうという魂胆なのだ。老いて九十歳にもならんとする元売春婦に若いときの強制被害を捏造させ、日本人の弱みにつけ込み、元売春婦に支払われる慰労金を掠め取る。これが元慰安婦に群がる韓国男たちである。韓国男にとっては年老いた元売春婦も金蔓なのである。この手のポン引きを何という呼び方で表現すべきなのであろうか。過去にこれを表す言葉は存在しないし、今新たな言葉を生み出そうにも適切な表現が浮かばない。このように言葉が浮かばないほど異常なポン引きなのである。強いて表現するなら「老齢思い出しポン引き」とでも言うのであろうか。たとえアンコウのオスであってもここまで身を落とすことはできないであろう。人類史上最も見苦しい生き方をしているのが、元慰安婦婆とそれに群がる挺隊協その他関連団体の男性職員たちである。

第二次大戦で血みどろの戦いを戦った経験のある各国の男であれば、女が二十万人も拉致されて売春奴隷にされたなどと宣ったら、ただちにその発言を遮ったであろう。なぜなら、女子供が拉致されているのを男たちは見過ごしていたなどということは男にとって恥以外の何物でもないからだ。大東亜戦争で朝鮮兵は泣き虫の役立たずであったという話は有名である。突撃を命じると、後ずさりして「アイゴー、アイゴー」と泣き喚いたそうである。日本兵、ソ連兵、アメリカ兵、イギリス兵、ドイツ兵ではあり得なかった軟弱性である。フランス兵、イタリア兵には朝鮮兵みたいな弱兵が少数ではあるがいたようである。朝鮮男は戦争で身を賭して戦おうとはしない。いつも逃げ回る。支那事変のときの支那兵も同様である。支那戦線から復員した日本兵が言うには、支那兵とは戦にならなかったそうである。なぜなら、日本軍がバンザイ突撃を始めると、蜘蛛の子を散らすように逃げてしまうから戦闘にならないのである。支那も朝鮮も儒教・朱子学の国である。朱子学は男を軟弱で優柔不断、怠惰で卑怯な生き物に変えてしまう。

韓国という国を見るとき、男の姿が見えない。他国と締結した条約を反故にし、弱みのある国家を見つけると、強請、集る。これは男が主導する国家ではない。女が主権を持つ国である。国家の骨格、国是、国体が妾であり、売女であり、慰安婦なのである。男は全員、その売女のヒモでありポン引きなのである。そう考えれば、韓国という国の裏切りと作話を繰り返す卑怯な国格を理解することができる。

偶然かもしれないが著者の創作格言に対韓国との付き合い方を示唆するものがある。そのギャグ格言とは「女は愛するものではない、買うものである、しかも前金で」。女を愛すれば必ず裏切られるという著者の実体験に基づいた格言であり、性欲処理をしたければ後腐れのないプロの女性を買うことが賢明であるという意味である。前金で払うことが最大サービスを受ける秘訣であり、決して行いの最中に交渉して値切って支払うとか、韓国男のように後払いにして、行為の直後に服を持って裸のまま遁走《とんそう》するとか、そういう見苦しいことはするなという意味である。日本男児の沽券《こけん》にかかわるからだ。

このギャグ格言は著者の創作格言の中では、最も含蓄《がんちく》深く、格調高いものとして、ファンの間で評価は高いのだが、韓国売女相手には通用しない。後腐れがないようにプロの女性を購入しても、半世紀後、無理矢理性奴隷にされたと因縁をつけられ、売春代金の何百倍もの慰謝料を毟り取られることになる。しかも、国家が請求してくるから手に負えない。〝国家後腐れ〟が発生するのである。婆さんになってから請求してくるなら、買春時に「シャッチョさん、今慰謝料を払えば、半世紀後の請求ナイヨ、安くしとくニダ」と言ってくれれば、そうしたのに。半世紀後に国家圧力として請求するとは卑怯である。

売女とヒモが織りなす商売で著名なる犯罪は所謂「美人局《つつもたせ》」である。読者諸兄はいくら「ヒモと慰安婦の集合体」と見做せる朝鮮半島であっても、まさか〝国家美人局〟の前歴はないであろうと考えるだろうが、それは甘すぎる。朝鮮人は国家美人局を行っているのである。それは朝鮮戦争のときであった。仁川上陸作戦に成功したマッカーサー将軍は、逃げる北鮮軍を追って満鮮国境に迫った。北鮮軍を国境に追い詰め、〝手籠め〟にしていたぶってやるとマッカーサーはほくそ笑んでいた。しかし、あと少しで思いの丈を果たせると股間を膨らませたとき、奥の部屋から怖いお兄さんが現れたのである。そのお兄さんの名を支那義勇軍という。そのお兄さんは「俺の女に何するねん」とばかりに逃げるマッカーサー軍を追撃してきた。結局、マッカーサー軍は三十八度線まで引き返し、そこで怖いお兄さんと対峙することになった。著者は新たな歴史的事実を発見したのである。朝鮮戦争における支那軍参戦は朝鮮人が仕組んだ〝国家美人局〟だったのである。

やはり韓国朝鮮人は根っからの〝ヒモと売女〟なのである。意識することなく〝美人局〟を形作る。たとえそれが国家の運命を左右する内戦という国難であってもである。遺伝子とは恐ろしいものである。

参考：美人局（ウィキペディアより）

出会い系サイトやツーショットダイヤルなどで知り合った女性から、部屋に誘われ衣服を脱ぎ、いざ性行為などを行おうとしたときに、女性の仲間の男性が登場して「俺の女に何をする」というのが典型的なパターンである。

これらに類される行為で、典型的なものは男性が女と会う約束をして実際に行ってみると、屈強な男に囲まれ金品を巻き上げられるという手法である。また呼び出されてラブホテルに入っていく所を写真に撮られ、後日家族や会社に曝露すると脅迫してくるケースもある。

また、加害者の女が18歳未満である場合、被害者の男性は、淫行条例、児童福祉法、児童買春・児童ポルノ禁止法（児童買春）などの法律に違反する可能性がある。そのため、警察に被害届や告訴状が出せず、泣き寝入りになりやすい。もちろん、加害者側もそれを見越して、18歳未満の女性を用意する傾向がある。

第七章　歴史を捏造する韓国

韓国に歴史書は残存しない

韓国人はなぜ安易に自国の歴史を捏造するのか。この疑問を解くのはさほど難しくはない。読者諸兄も自ら韓国の歴史を記述してみれば、すぐに理解できるであろう。おそらく、諸兄も著者と同様に韓国の歴史記述を途中で投げ出すことであろう。あまりに惨めな歴史事象の連続ゆえ、書き記すことに嫌気がさしてしまうのである。

もう十年以上も前に放送されたテレビの番組だったと思う。韓国の大学教授が番組内で嘆いていた。彼は〝日韓歴史共同研究委員会〟のメンバーだった。記者の「なぜ日本側委員の意見と対立するのか」という質問に対して彼は本音をぶちまけていた。

「日本側委員の意見の方が正しいことはわかっている。しかし、それを認めると韓国が惨めになりすぎる。せめて歴史くらい格好つけさせてくれ。戦争はすべて負けて、支那の属国となり、事大主義から主体性がなく、最後は日本に助けられて、命脈を保った。本当の歴史を認めたら、国民は祖国への誇りを失い、国家が持たなくなる」。

記者がなぜそのことを昼の委員会で公式に発言しないのかと訊くと、「昼のディスカッションは記録されている。こんな本音を私が漏らしたと委員会報告書に掲載されたら、私と家族は韓国にはいられなくなる」。

これも十年ほど前に韓国の公共放送であるＫＢＳが放送した番組であった。韓国の古代史を解説する番組なのだが、これを見て著者は大きな違和感を覚えた。自国の古代史を分析するのに使用している資料が韓国独自のものではなく、日本と支那の古文書ばかりなのである。我が国でも馴染みの『魏志倭人伝』、『新旧唐書』、『古事記』、『日本書紀』などを利用して韓国の古代史を解説しているのである。著者はそれでも、そのうち韓国独自の歴史資料が登場するものと期待していたのだが、結局そのような古文書が紹介されることはなく、番組もいつの間にか立ち消えとなってしまった。

自国の歴史資料がなく、隣国の資料に頼らなくては自国の歴史を語れないという現実は、神話の時代から秀真文字で書かれた古文書に恵まれる我々日本人には耐えられない屈辱であろう。もしもそのような歴史番組を制作せよと命じられたら、我々日本人は拒否するであろう。隣国の資料のみを使って、自国の歴史を語るなど言語道断である。そのような歴史なら、存在しないことにしておいた方がまだましであると考えるであろう。

若い男女のアナウンサーがMCを担当していたが、韓国の歴史を『古事記』『日本書紀』と新旧『唐書』を使って嬉嬉として、誇らしげに語るその姿が痛々しかったし、憐れみさえ感じた。この韓国人男女は祖国に歴史文献が保管されていないことを恥ずかしいこととは認識していないのである。世界最古の皇室と歴史文献を有する我々大和民族とは根本的に異なる民族と確信した。

韓国には古文書が残存していないそうである。王朝が交代するたびに新王朝は前王朝が残した歴史を書き換える。支那でも同じことが行われる。支那では易姓革命のたびに歴史が書き換えられるのである。支那の場合は書き換えられた歴史書ではあるが、まだ残っているから研究分析することが可能となる。しかし韓国の場合、書き換えるだけでなく前王朝が残した文書をすべて焚書《ふんしょ》してしまったから、何も残っていない。韓国で唯一残っている古文書は『高麗史』のみというありさまである。さらに韓国では、戦後に漢字を廃しハングルのみの記述法になってしまい、漢字に関する知識は失われ、漢文で書かれた古文書を解析することすら困難となってしまったそうである。

ここまで書けば、賢明なる読者諸兄であれば、なぜ韓国人が歴史を捏造するのかという理由を理解できると思う。李氏朝鮮成立以前の独自の文献がほとんど残っていない。歴史とは文字文献を根拠に分析研究される。それゆえ、文字の発明以前に歴史学は存在しない。文字文献が存在しない状況では歴史学は成り立たない。歴史文献が空白の時代の歴史を無理矢理作り出すということは、捏造である。文献資料が存在しない場合、捏造し放題ということになる。もちろん、捏造されたものを歴史と呼ぶことはできない。しかし、韓国人は躊躇いもなくそれを歴史と呼ぶ。国家が勝手に通貨を発行して良いように、国家が歴史を発行して何が悪いのかというわけだ。

冊封体制継続中の韓国

いくら韓国でも李氏朝鮮以降の文献は残っている。しかし、それらの文献が示しているのは支那王朝の属国としての歴史であり、そんなものはみっともないゆえ表には出せない。結局、李氏朝鮮以前も含めて、すべて格好良く捏ち上げてしまえということになる。毒を食らわば皿までもというわけだ。史実に忠実なる歴史学は朝鮮半島には育たない。韓国朝鮮における歴史学者の仕事とは、ありもしない出来事を捏ち上げ、国家の過去を粉飾することである。しかも、派手であれば派手なほど愚かな国民は喜ぶから、その派手さは年々増していくことになる。慰安婦の数がいつの間にか二十万名に膨れ上がるのはそのせいである。韓国人の歴史観は粉飾史観という呼び名が相応しい。

支那と韓国は、易姓革命とそれに伴う歴史改竄《かいざん》は新王朝に与えられた当然の権利であると考えている。それゆえ、彼らの国史は出鱈目だらけであるのが当然であり、それのどこが悪いのだと開き直る。さらに質が悪いのは、隣国にも自国の歴史に合わせるよう歴史の改竄を要求してくることだ。この発想は冊封体制そのものである。宗主国様である支那が捏ち上げた歴史観に韓国もその歴史観を合わせる。そこで「韓国史は支那が求める歴史とは違う」などと言えば、たちまち何らかの報復を受けるゆえ、宗主国が認めた歴史観を受け入れざるを得なくなる。

支那韓鮮は相も変わらず「日本は歴史を直視せよ」などと戯言を言っているが、彼らの頭の中では日本は中華冊封体制の中におり、日本も含めた〝歴史冊封体制〟を作ろうとしているのである。小中華の韓国ですら、大中華でおわします支那の意向をくんで歴史観を合わせているから、周辺蛮族にすぎず、しかも大東亜戦争に〝敗北〟し、東京裁判で白人国家に悪党国家と断定された日本がその歴史観を支那韓鮮に合わせるのは当然であると彼らは考えているのである。

前出の「脱亜論」で福沢諭吉先生は支那韓鮮はいまだに中世冊封体制にあるゆえ、支那韓鮮とは断絶すべきであると訴えたが、歴史論に関する限り、冊封体制はいまだに継続されていると支那韓鮮は勝手に考えていると言わざるを得ない。やはり、福沢諭吉先生がおっしゃられる通り、歴史論においても支那韓鮮と断絶すべきである。

参考：日韓歴史共同研究（ウィキペディアより）

２００２年から２０１０年まで2回にわたり日本と韓国が共同で行った歴史研究のことである。

第1回日韓歴史共同研究は、２００１年の日韓首脳会談の合意に基づき、２００２年から２００５年にかけて行われ、２００５年6月に報告書が公開された。第2回日韓歴史共同研究は、２００５年の日韓首脳会談の合意に基づき、２００７年から２０１０年にかけて行われ、２０１０年3月に報告書が公開された。

共同研究が不成功に終わった主な原因

合意から実行までの間に1年以上の空白期間があった理由について、日韓両政府とも公式の見解は出していない。ただ当時、日本側の研究委員選定作業において首相官邸を巻き込んだ角逐があり、ときの自民党政権に有利なかたちで政治的要素を持ち込もうとしたことが再開を遅らせた原因ではないか、との見方が関係者の間にはある。事実、先の外相会談において日本側の委員長として「内定」をもらったはずの小此木政夫は、実際には任命されず、代わりに東京大学名誉教授の鳥海靖が選任されている。また、委員を選考する過程は一般公開されておらず、選任された委員自身にすら知らされていない。

当研究が不成功に終わった主な原因として、委員の1人である木村幹は「政治的意図の介在」「共同研究の制度的不備」「対立を解決する為の手段の準備不足（全会一致か多数決かという基本的なルールさえ存在しなかった）」の3点を挙げている。

日本側研究者が見た韓国側研究者の態度

この研究委員会に参加した古田博司によると、日韓の意見が対立した時に、日本側が「資料をご覧になってください」と言うと、韓国側は立ち上がって「韓国に対する愛情はないのかーっ！」と怒鳴り、日本側がさらに「資料を見てくれ」と言い返すと、「資料はそうだけれど」とブツブツ呟いて、再び「研究者としての良心はあるのかーっ！」と怒鳴ったという。このような韓国側研究者について古田は、「民族的感情を満足させるストーリーがまずあって、それに都合のいい資料を貼り付けてくるだけなので、それ以外の様々な資料を検討していくと、矛盾、欠落、誤読がいっぱい出てくる」、「要するに『自分が正しい』というところからすべてが始まっており、その本質は何かといえば『自己絶対正義』にほかならず、したがって何をやろうと彼らの『正義』は揺らがない」等々、批判的に評している。

第2回研究では、韓国側の要求により教科書が研究テーマに加わえられたが、教科書小グループの日本側委員の一人だった永島広紀によると、韓国側では日本側に無断で教科書問題を古代史の研究テーマに加えようとするなど、教科書担当以外のグループが教科書問題に介入を始めた。日本側が抗議すると、韓国側の古代史担当者の一人が「人格攻撃を受けた」と言い出し、長期間会合が紛糾したこともあったという。永島によれば、韓国側の研究者は扶桑社の『新しい歴史教科書』への攻撃に終始していた。

参考：『高麗史』（ウィキペディアより）

朝鮮の高麗王朝（918年—1392年）のことを記した紀伝体の官史。編纂は李氏朝鮮の鄭麟趾らによって行なわれ、文宗元年（1451年）に完成した。成立の際、高麗国王歴代の実録をはじめ多くの公私文書・書籍が参照されたが、すべて焚書または消失し、大部分は現存しないので、この『高麗史』と独立に編纂された春秋館編纂の編年体形式の『高麗史節要』（1452年）

が高麗時代の史書となる。

参考：新唐書（ウィキペディアより）

『新唐書』（しんとうじょ）は、中国の唐代の正史である。五代の後晋の劉昫の手になる『旧唐書』（くとうじょ）と区別するために、『新唐書』と呼ぶが、単に『唐書』（とうじょ）と呼ぶこともある。北宋の欧陽脩らの奉勅撰、225巻、仁宗の嘉祐6年（1060年）の成立である。『旧唐書』は、唐末五代の戦乱の影響で、武宗以後の皇帝は実録に欠落があるなど史料不足による不備が大きかった。宋代になって、新出の豊富な史料によって、その欠を補ったのが、本書である。

参考：旧唐書（ウィキペディアより）

中国五代十国時代の後晋出帝の時に劉昫、張昭遠、王伸らによって編纂された歴史書。二十四史の1つ。唐の成立（618年）から滅亡まで（907年）について書かれている。

当初の呼び名は単に『唐書』だったが、『新唐書』が編纂されてからは『旧唐書』と呼ばれるようになった

完成と奏上は945年（開運2年）6月だが、その翌年には後晋が滅びてしまうため、編纂責任者が途中で交代するなど1人の人物に2つの伝を立ててしまったり、初唐に情報量が偏り、晩唐は記述が薄いなど編修に多くの問題があった。そのために後世の評判は悪く、北宋時代に『新

唐書』が再編纂されることになった。しかし、逆に生の資料をそのまま書き写したりしているため、資料的価値は『新唐書』よりも高いと言われる。
『旧唐書』東夷伝の中には、日本列島について「倭国伝」と「日本国伝」の2つが並立しており、「巻199上　列傳第149上　東夷」には「日本國者　倭國之別種也　以其國在日邊　故以日本爲名　或曰　倭國自惡其名不雅　改爲日本　或云　日本舊小國　併倭國之地」とあり、倭国が国号を日本に改めたか、もともと小国であった日本が倭国の地を併合したと記述されている。そして、宋代初頭の『太平御覧』にもそのまま二つの国である旨が引き継がれている。これについては、編纂過程の影響であると考えるのが日本における通説である。異論も存在していて、例えば、森公章は「日本」の国号成立後の最初の遣唐使であった702年の派遣の際には国号変更の理由について日本側でも不明になっており、遣唐使が唐側に理由を説明することが出来なかった可能性を指摘する。大庭脩は、これを単なる編纂過程のミスではなく「倭国伝」と「日本国伝」の間の倭国（日本）関連記事の中絶期間には、白村江の戦い及び壬申の乱が含まれており、当時の中国側には、壬申の乱をもって「倭国（天智政権）」が倒されて「日本国（天武政権）」が成立したという見解が存在しており、結論が出されないままに記述された可能性があると指摘している。

参考：冊封（ウィキペディアより）

称号・任命書・印章などの授受を媒介として、「天子」と近隣の諸国・諸民族の長が取り結ぶ名目的な君臣関係（宗属関係／「宗主国」と「朝貢国」の関係）を伴う、外交関係の一種。「天子」とは「天命を受けて、自国一国のみならず、近隣の諸国諸民族を支配・教化する使命を帯びた君主」のこと。中国の歴代王朝の君主（モンゴル帝国、清朝を含む）たちが自任した。冊封が宗主国側からの行為であるのに対し、「朝貢国」の側は「臣」の名義で「方物」（土地の産物）を献上「正朔」を奉ずる（「天子」の元号と天子の制定した暦を使用すること）などを行った。「方物」は元旦に行われる「元会儀礼」において展示され、「天子」の徳の高さと広がり、献上国の「天子」に対する政治的従属を示した。「方物」の献上を「朝貢」といい、「朝貢」を行う使節を「朝貢使」と称する。朝貢使は指定された間隔（貢期）で、指定されたルート（貢道）を通り、指定された「方物」を「天子」に献上し、併せて天子の徳をたたえる文章を提出する。これを「職貢」と称する。宗主国と朝貢国の相互関係は、つづめて「封貢」と称された。

第八章　日本を逆恨みする韓国

韓国に恨まれる

韓国人は「反日」であるという。朝鮮人が日本人に抱く感情を「反日」という一語で言い表すことは難しいというのが著者の感想である。日本人に対する劣等感が反日の正体である。日本は科学技術、軍事、文化の面で世界的評価を受けてきた。これが韓国人にとっては癪に障るのである。なぜなら自分たちにはそのような才能は皆無であると彼ら自身が悟っているからだ。自分たちでは近代化できず、日本に頼まなくては近代化できなかったという事実も劣等感に拍車をかける。

終戦前は内地在住朝鮮人は国会議員に立候補することができたし、昭和二十年四月からは朝鮮、台湾在住者にも立候補が許され、投票権も付与された。

大正九年から地方議会選挙が実施されていたから民主主義の素養は育ちつつあったのだが、日本統治が終わるとたちまち国情は混乱し専制政治に戻ってしまった。三十六年間も民主主義の国に支配されて、その後はアメリカ様という民主主義発祥の国が後見人に就任したにもかかわらず、民主主義が根づかないという民度の低さを露呈した。

日本は純宗と李完用、一進会に請われて、ロシアに占領されかけていた朝鮮半島を併合し民族絶滅から救済した。さらに、それまでは皆無であった政治制度、教育制度、司法制度、公共施設を整備し、それを実現するため、日本国内を貧窮させてまで必要とする予算を投入した。さらに李王朝の対外債務まで肩代わりした。それなのに、なぜここまで韓国人に恨まれなくてはならないのかと日本人は嘆き悲しむ。

日本人の感性では請われて施しを与えた場合、感謝されこそすれ、恨まれるはずはないと考える。八紘一宇と五族共和を掲げて大東亜戦争を戦い、世界中から植民地主義と人種差別を根絶させた大和民族であれば、恩を仇で返すなどという行いは最も忌み嫌う行為であり、韓国人の恥知らずに呆れ果てるのみである。

近代化してあげたのに、なぜ恨まれるのであろうか。その答えは簡単である。近代化されたことが気に入らないのである。本当は自力で近代化できたものを、日本がしゃしゃり出てきて近代化してしまった。これではまるで朝鮮民族はバカに見えるではないかというわけである。しかし、バカでなければ自力で近代化できたはずである。バカだからできなかっただけである。さらにバカの上塗りをしているのが恩義ある国への怨嗟である。

支援国を非難

恩義を与えた国家は逆恨みする国家には二度と恩義を与えることはしないであろう。韓国が一九六〇年代における世界最貧国から今日のような中進国に出世できたのは、昭和四十年（一九六五）に締結された日韓基本条約に基づく日本からの経済技術援助を得たからである。

韓国人労働者を慰労するため独ハムボルン炭鉱を訪問した朴正煕元大統領夫妻

韓国は昭和二十年（一九四五）の終戦まで大日本帝国の一部として世界の一等国として扱われていたのが、終戦を境に三等国かつ最貧国へ転落していた。

一九六〇年代、朴正煕韓国大統領はこれといって輸出品もなく、外貨獲得に窮していた。朴正煕は労働者を欧州の炭鉱に送った。ドイツから彼らの家族に送られてくる外貨獲得が目当てであった。それほど韓国は困窮していた。ドイツには今でも韓国系ドイツ人が多く住む。現在、ドイツに居住する韓国人は労働契約が切れても帰国せずに居残った人たちである。

一九七〇年代に入って韓国は後に〝漢江の奇跡〟と呼ばれる驚異的経済発展を遂げる。これは日本による経済技術援助のおかげである。それまでの韓国の一人あたりの国民所得は百ドル台にすぎなかった。

朝鮮人は日韓併合によって絶滅から救われ、併合によって世界の一等国民に昇格し、独立によって三等国に転落し、日韓条約により二等国家に昇格した。韓国が寄生国であることの証である。なぜなら日本に寄生しているときは繁栄し、寄生を拒否されると衰退しているからである。

寄生虫が宿主に感謝することなどあり得ないが、宿主に怨嗟することも聞いたことがない。「日本に近代化されたことが許せない」。これが韓国人の本音である。

日本に援助を依頼してきたから、それに応えて支援して上げた。すると、子の代になって、「支援したことを許せない。それではまるで朝鮮人は無能みたいではないか」と言って支援国を非難し、世界中に捏ち上げた慰安婦像を建てて日本を貶める。

「ほら、この銅像を見なさい。韓国朝鮮を助けてやったなどと、恩着せがましいことを言っているけど、日本という国はこの通り悪党国家なのよ」と喧伝しているのである。

韓国朝鮮人が反日である理由は、日本によって近代化されたことを許せないからである。

我々日本人は「援助をすると逆恨みする人種が存在する」ということの現実を肝に銘じなくてはならない。

他国に対して援助し、手を差し伸べるときは、将来その国に「援助など余計だった」と逆恨みされることがないかどうか、その可能性を確認しなくてはならない。もしも恩を仇で返すような国家が現れたなら、その国家には二度と施しを与えるべきではない。

第九章　米国で慰安婦像を建てる韓国人

ある韓国人研究者

米国において韓国中国人は見下され小馬鹿にされている。私が米国陸軍寒地理工学研究所（CRREL）に滞在したとき、しばしば米国白人から尋ねられたことがある。彼らは支那人、韓国人、台湾人、日本人の違いが顔つきから判断することができない。どの顔も同じに見えるらしい。

職場でもスーパーでも、グロッサリー（コンビニ）、レストランでも次のように尋ねられる。「Are you Chinese or Korean?（貴方は支那人ですか、それとも韓国人ですか）」。当初は日本人の自分が支那人と韓国人と見間違われているのかと不愉快になったものであるが、しばらくするとそうではないことがわかった。「No, I'm Japanese（いいえ、私は日本人です）」と答えると、ホッと安堵したような顔つきに変わり、握手を求めてくる。そして笑顔で話しかけてくる。彼らは日本人が好きなのである。だから日本人であることを確認したいのである。私は面白くなり、わざと「韓国人です」と答えたことがある。その反応は「そうですか」と言って、さりげなく去っていった。中には顔を曇らしたご婦人もいた。米国白人が支那人と韓国人を軽蔑し、嫌っていることがわかった瞬間であった。

同じ研究所の日本人研究者の奥さんにはいつも注意されていた。「白人は必ず支那人か韓国人かと訊いてくるから、ハッキリと日本人であると応えなさい。この国では日本人は尊敬されるけど、支那韓鮮人はバカにされ、差別されるだけですから」。

日本人と同じ東アジアの住人である支那人、韓国人が米国で蔑まれる理由は犯罪が多いだけでなく、米国への貢献度が日本人に比べて低いことである。それに比べて日系人は教育レベルが高く、社会的地位の高い職業に就いているものが多い。特に米国で高い評価を受けているのは日系人部隊米国陸軍４４２部隊の存在である。第二次大戦における４４２部隊の活躍が日系人への高評価を決定づけた。白人以上に教育レベルが高く勤勉だったゆえに、日系移民排斥法などで米国人でありながら日系人は国家から人種差別を受けていた。それにもかかわらず、日系人は米国に命を捧げた。これが、支那韓鮮人とは大きく異なる点である。

米国に住む支那韓鮮人は日本人に比べて自分たちの人種ランクが日系人よりも遙かに低いことを知っている。だから日系人に嫉妬する。

私が勤務した米国陸軍ＣＲＲＥＬにも韓国人研究者がいた。その男（仮に朴としておく）の妻（仮にリンダとしておく）は白人で、しかもブロンド美人であった。所内の大方の感想は「あれほどの美人が、なんでよりによって韓国男なんかと」というものであった。そのリンダさんだが、私が着任してから、用もないのに私の研究室を訪ねてきては話しかけてくる。彼女の研究分野は私のそれとはまったく違う分野であり、研究面での繋がりはない。それなのに、法隆寺とか奈良の大仏の話を聞かせろと言う。何度も妻が訪ねていくものだから、旦那は心配になったのだろうか、そのうち朴君まで私の研究室の同僚を訪ねてきて、なぜか私を睨みつけて帰って行くようになった。廊下ですれ違うときは「ハイ」と声をかけて通り過ぎるのが習慣なのだが、朴君だけは声をかけても無視して通り過ぎていく、時には睨みつけられたこともあった。今にして思うと韓国人の国技である「逆恨み」である。

「なんでよりによって、韓国人の男などと」の「よりによって」の部分は程なく日本人研究者（仮にN博士としておく、チョビ髭あり）によってもたらされた。

N博士が「彼女はオリエント趣味を持ち、東洋の文化に大変興味が強く、それが高じて旦那までオリエンタルにしてしまったのですよ。リンダさんは在韓米軍に勤務したことがあり、そのとき拾ってきたそうですよ。朴君にすれば、ブロンド美人妻と米国永住権の両方を手に入れることができるわけですから、一挙両得というわけですが、リンダさんにとってはまったくの〝はずれ馬券〟であった」と解説してくれた。

再びN博士に登場願おう。「これはリンダさんから訊いた話です。結婚して旦那になれば、朴はアジア文化についてたくさん教えてくれると言っていたそうです。それで結婚したそうです。しかし、それは大嘘だったというのです。彼の口からはアジア文化の話など何も語られないそうで、話が違うと愚痴をこぼしています。旦那が木偶なものですから、僕の研究室に来ては東洋について質問していきます。どうもリンダさんは韓国がアジア文化の中心だと勘違いしていたようです。リンダさん、最近来ないと思ったら、そうですか、安濃さんのところに行っていましたか。時々、顔にアザを作っているときがありますから、リンダさん、家庭内暴力を受けているのではと皆が心配しています。あの韓国人の旦那は研究の方はまったく無能ですが、女房を殴るのは巧みなようです」と言い終えると、N博士はそのチョビ髭の片方の端を器用に引きつらせて薄ら笑いを浮かべた。

たしかに、朴君の研究能力に疑問符がつけられていたことは私の耳にも入っていた。あるインド人研究者は「朴は何のためにこの研究所にいるのかわからない人物で、リンダのヒモとしてこの研究所にいるだけです。アジア人の恥です」と腐していた。朴はリンダが自分の研究費で雇っているアルバイト職員であって、正規研究員ではないそうだ。だから〝ヒモ〟と呼ばれている。

韓国系アメリカ人の社会的評価は低い

著者の米国での滞在経験では斯様に韓国系アメリカ人の社会的評価は低い。売春婦が多すぎるのもその一因であろうが、他人種への差別意識の強さも大きな理由である。ロス暴動（平成四年〈一九九二〉）では韓国系住民がターゲットにされた。また、バージニア工科大学銃乱射事件のように韓国系は大量殺戮事件まで起こしている。

米国に住む他人種であれば、自分たちが努力して日系人以上の評価を得ようとするか、それが無理ならフィリピン系のように低評価に甘んじる道を選択するかのいずれかである。しかし、人類史上初の妾人種であり、〝妬みやっかみ人種〟である韓国人は一味も二味も違う行動をとる。ただひたすら日系人の足を引っ張るのである。

平等になるということは、他民族の足を引っ張って自分たちと同レベルに引きずり下ろすこと、これが支那韓鮮の考える平等化である。そのためであれば歴史を捏造することも厭わない。追軍売春婦を性奴隷であったと捏ち上げ、日本人はこれほど残虐かつ猥褻なる人種であると他人種に訴える。米国の政治家には金を渡し、賛同しないと収賄を暴露するぞと脅し、味方につける。

広島長崎での原爆投下という歴史的負い目を持つ米国人は、日本を戦争犯罪国家として決めつけたがる。そうしないと原爆投下の正当性を見いだせないからだ。特に原爆投下を実行したときの政権にあった米民主党所属議員が売春婦像設置にご執心である。なりふり構わず日本を悪者国家にしないと原爆投下を正当化できないからだ。その意味で韓国系米人と米国民主党は利益を共有している。

性奴隷という言葉は米国人には馴染み深い。奴隷制度など一度も持ったことがなく、その歴史の中で秀吉が禁じたキリスト教徒による奴隷売買しか存在しない日本人には〝奴隷〟という言葉は何とも違和感を覚えるものであるが、米国白人にとってはついこの間まで奴隷制度を実践していた所以、現実的な言葉なのである。

悪の元凶である奴隷制度は許さないという振りでもしないと、米国は奴隷制度から脱却していないと思われる。だから性奴隷を撲滅する正義の味方を演じたいのである。

世の中には想像力には劣るが、その劣った分、嫉妬心に長けた輩が存在する。研究能力はない癖して、他人の足を引っ張る能力には天才的なひらめきを発揮する輩である。韓国人の称えられるべき民族的人種的才能とは、この「足引っ張り」を個人レベルではなく国家レベルで実行できることである。しかも、その実行に当たっては国家戦略など必要ない。彼らは本能的に、見事なまでに、無意識のうちに「国家足引っ張り」を完成させることができる。神業である。

著者が思うに、日本人の側にも問題がある。日本人は自分たちが人種差別されていることに鈍感である。人種差別をしても日本人は自覚せず反発してこないから、これほど差別しやすい人種は他にない。日本の文化の中に身分による差別はあっても、人種による差別という概念は存在しない。人種差別などしたことがない日本人は自分が差別されても、それを人種差別であるとは認識できないのである。そこに常に米国では人種差別されてきた韓国人が目をつけた。

慰安婦像設置は日系人に対する人種差別

韓国人による慰安婦像設置は全米を慰安婦像による日系人収容所にして、日系人に贖罪意識を植えつけ、貶めてやろうという目論見である。昔は白人の行いだったが、昨今は韓国人が全米を慰安婦像による日系人収容所に変えようとしているようだ。

特定の民族に性奴隷強要者という濡れ衣を着せ糾弾する。ヒトラーがユダヤ人に濡れ衣を着せ糾弾したのと同じ行いであり、一九四二年に米国政府が日系人だけにスパイ容疑をかけ強制収容したのと同じ行いである。しかも、広島長崎に負い目を持つ白人アメリカ人まで、自分たちの虐殺行為を相殺するために韓国人と共謀しているのである。これが人種差別でなくして一体何であろうか。慰安婦問題は日系人差別であり、日系人強制収容所と同じ構図であると訴えるべきである。収容所の看守が白人から韓国人に変わっただけなのだ。

米国での慰安婦法廷では日系人強制収容所の写真を掲示して、慰安婦像はこれと同じく日系人の尊厳を貶めるのが目的であると主張すべきである。韓国人は全米に慰安婦像を建て、全米を日系人強制収容所に変えようとしていると主張すべきである。さらに日系人強制収容所から発生した陸軍442連隊の話まで持ち出し、日系人がいかに米国に貢献してきたかを訴え、慰安婦像を建てるしか能がない韓国人を蔑んで差し上げよ。

同じ敵国なのにイタリア、ドイツ系米国人は強制収容せず、なぜ日系人だけを強制収容したのか。日本軍慰安婦が戦争犯罪なら朝鮮戦争時の米軍慰安婦像をなぜ建てぬ、ベトナム戦争時のライダイハン像をなぜ建てぬ、ソンミ虐殺像をなぜ建てぬ、広島・長崎虐殺像をなぜ建てぬ。一九八〇年代に入って米国政府は日系人強制収容所は明確なる人権蹂躙《じゅうりん》であったと認め謝罪した。今度は慰安婦像を建てた自治体、それを黙認した連邦政府に対し、慰安婦像設置という日系人差別を行ったことを謝罪させ賠償させるべきである。法廷で日系人強制収容所の写真を持ち出せば、米国白人は震え上がるはずである。韓国人と韓国賄賂欲しさの一部白人が行っている行為は三十年前に連邦政府が謝罪した七十四年前の日系人に対する人権蹂躙を再び蒸し返し繰り返し、連邦政府による謝罪を反故にしようとするものであることを法廷にて訴えるべきである。

韓国人による慰安婦像設置の経緯をチャートにすると次の如くとなる。

1　米国における韓国人の人種ランキングが低い。
←
2　日系人の人種ランキングが高い。
←
3　日系人に嫉妬する。
←
4　日系人の人種ランキングを韓国人レベルに引きずり下ろしたい。
←
5　慰安婦像を全米各地に建ててやる。

↓
6　原爆虐殺の前科を持つ米国白人が日本叩きに付和雷同する。
↓
7　日本人が慰安婦像設置を日本人に対する人種差別として認識せず、米連邦政府に訴えない。
↓
8　いくら日本叩きをやっても、442部隊への評価は揺るぎない。
↓
9　もっと慰安婦像を建てる。

このような悪循環が続いているのである。

参考：ロス暴動（ウィキペディアより）

ロサンゼルス暴動はロドニー・キング事件に対する白人警察官への無罪評決をきっかけとして、突如起こったかのような印象で日本では報道されることが多かったが、その潜在的要因として、ロサンゼルスにおける人種間の緊張の高まりが挙げられる。アフリカ系アメリカ人の高い失業率、ロサンゼルス市警察（以下「LA市警」）による黒人への恒常的な圧力、韓国人による度を超した黒人蔑視、差別に対する不満などが重なり、重層的な怒りがサウスセントラル地区の黒人社会に渦巻いていた。そこにロドニー・キング事件のLA市警警官に対して無罪評決、ラターシャ・ハーリンズ射殺事件における韓国人店主への異例の軽罪判決が引き金となり、黒人社会の怒りが一気に噴出して起きた事件であるといえる

参考：バージニア工科大学銃乱射事件（ウィキペディアより）

アメリカ合衆国バージニア州ブラックスバーグのバージニア工科大学で２００７年4月16日（東部標準時）に発生した銃乱射事件。33名（教員5名、容疑者１名を含む学生28名）が死亡し、アメリカの学校での銃乱射事件において、１９６６年のテキサスタワー乱射事件（死者15名（容疑者１名を含む）、ほかに妊娠中女性の胎児１名）、１９９９年のコロンバイン高校銃乱射事件（15名（教師１名、容疑者２名含む）死亡）を上回り、史上最悪の犠牲者数となった（アメリカ国内で起きた銃乱射事件としては、２０１７年の２０１７年ラスベガス・ストリップ銃乱射事件（59名（容疑者1名含む）死亡）２０１６年のフロリダ銃乱射事件（50名（容疑者1名含む）死亡）に次ぐ史上3番目の犠牲者数である）。同大は翌17日記者会見し、容疑者が同大4年に在籍していた当時23歳の在米韓国人で韓国籍の男子学生、チョ・スンヒであったと発表した。

参考：第４４２連隊戦闘団（442nd Regimental Combat Team）（ウィキペディアより）

第二次世界大戦中のアメリカ陸軍が有した連隊規模の部隊である。士官などを除くほとんどの隊員が日系アメリカ人により構成されていた。ヨーロッパ戦線に投入され、枢軸国相手に勇戦敢闘した。その激闘ぶりはのべ死傷率３１４％（のべ死傷者数９、４８６人）という数字が示している。アメリカ合衆国史上もっとも多くの勲章を受けた部隊としても知られる。

第二次世界大戦中、約３３、０００人の日系二世がアメリカ軍に従軍し、そのほとんどは本団、第１００歩兵大隊、アメリカ陸軍情報部の３部隊のいずれかに配属された。

強制収容所に収監される母親を手伝う日系人兵士（1942 年 5 月 11 日）

進軍する第 442 連隊戦闘団の兵士（1944 年、フランス戦線にて）

アメリカ軍兵士の監視の下、強制収容所に連行される日系アメリカ人（1942 年 4 月 5 日）

第十章　贈収賄が国技の国

賄賂まみれの韓国

日本において贈収賄は犯罪となる。これは日本のみならず近代国家と呼ばれる先進国では当たり前のことである。近代国家である条件は法治国家であることであるが、法の支配が金銭によってねじ曲げられるとき、法による支配は崩壊する。

韓国はと言えば、議会を有する国民国家であるから法による支配は確立し、賄賂が国の血液になっているなどということはあり得ないと日本人は考えるであろう。しかし、歴代大統領が退任した後、必ずと言って良いほど大統領本人またはその親族友人らが汚職で逮捕されるという事実を見れば、韓国という国が賄賂まみれの国であることを知ることができる。もちろん、贈収賄は韓国においても犯罪である。しかし韓国では、摘発されても摘発されても後を絶たない。これは支那も同じである。

ここ十年ほどであろうか、様々な嫌韓グループが登場し、在日韓国人への生活保護費の支給をやめるよう訴えてきた。中には国会議員まで動かした団体もある。しかし、効果はなく、いまだに在日韓国人への生活保護費の支給は停止されない。これはなぜだろう。

理由は簡単である。在日韓国人から賄賂をもらい、生保を支給させている日本人の政治家が存在するからである。韓国からの賄賂漬けになっている日本人政治家が多数いるのである。だから、心ある日本人の意見が政治に反映されない。この韓国利権につながる政治家は国会議員だけではなく、地方議員にも多数存在する。このような政治家が韓国人から賄賂をもらい、自治体に圧力をかけて、外国人への生保支給を続けさせているのである。在日韓国人数十万のうち半数以上が生保受給者であるという現実はどう説明されるのであろうか。その一方で、真に生保を必要とする貧困家庭の日本人が生保支給からはみ出され餓死しているのが現状である。

日韓議員連盟という組織がある。この団体は日韓友好を推し進める団体らしいが、その実態は韓国から日本人政治家への贈賄機関である。議員連盟の幹部は何かにつけて日韓友好を旗印に韓国側に有利な政策を推し進めようとする。これは、韓国側に脅されているからである。言うこと聞かないと、収賄現場のビデオを公開しますよと。安倍総理が一ミリも動かさないと断言した日韓合意まで骨抜きにしようと企んでいるのが二階俊博自民党幹事長である。二階氏は日韓議員連盟の重鎮でもある。大人世界の常識として、よほどの金をもらわない限り、ここまで露骨な利益誘導はしないであろう。

日韓議員連盟に加入するだけで数百万円の裏金をもらえると聞いたことがある。名前を貸すだけで数百万であれば、具体的に韓国が有利に運ぶように陳情を処理したときはいかばかりいただけるのであろうか。一度聞いてみたいものである。

先日も二階俊博氏は「日韓合意を一ミリも動かすことはできないなどと言っている人物に外交を任せられるか」と息巻いていた。二階氏は日韓合意の骨抜きを狙っているのだろう。

骨抜きが実現したときはおいくらほどの礼金をいただけるのか興味のあるところである。

昔はK丸という北鮮から金をもらって、日本人拉致を黙認していたと言われる政治家が存在した。海岸を守るはずの海保も海自も機能しなかったのはそのためであろう。横田めぐみさんを拉致させたのは、北鮮から賄賂をいただいていた日本の政治家である。

支那韓鮮においては賄賂は犯罪ではなく、文化である。贈賄は仕事をしてくれたことへのお礼であり、収賄は自分の功績に対する当然の報酬なのである。儒教国家では賄賂を稼げるほど有能な官吏と目される。仕事ができるから賄賂が集まるのであり、賄賂が提供されない役人は無能だから誰も賄賂を提供しないと考えるのである。支那韓鮮では贈収賄は罪ではなく文化なのである。だから当局がいくら取り締まってもなくならないどころか、当局自身が賄賂漬けになっているのである。

支那韓鮮はたとえ相手が外国人であっても贈賄の習慣を緩めようとはしない。そこに日本の政治家が嵌められてしまう。

支那韓鮮は臆面もなく賄賂を持ってくる。政治家は派閥の維持費や次の選挙費用を考えるとついつい受け取ってしまうのである。外国からの金だから足がつかないとも考える。ここに支那韓鮮儒教国家による日本政界の支配体制が確立することとなる。賄賂攻勢による支配体制はなにも政界だけではない。マスコミも例外ではない。テレビ新聞で支那韓鮮の肩を持つ報道ばかりしているメディアは現場のプロデューサーから社長まで、支那韓鮮からお小遣いをいただいている。だからあれだけ批判されても、偏向報道をやめないのだ。放送局も新聞社も賄賂づけになっているのである。テレビも新聞も支那韓鮮の指示でモリカケ騒動ばかりを報道している。それで安倍総理が退陣して喜ぶのは支那韓鮮であることは明らかである。

衛星放送にチャンネルを合わせれば韓流ドラマばかりが流れてくる。これはテレビ局が韓国の工作機関ＫＣＩＡに買収されているからである。テレビ局は視聴率などたとえゼロであっても韓流ドラマを流すことを止めない。スポンサーなどつかなくても構わないのである。なぜなら、韓国が番組枠を買い取ってくれるから、番組をオンエアするだけで金になるのである。だからいくら視聴者から「くだらないからヤメロ」と抗議が来ても、韓流二束三文ドラマを垂れ流すのである。

検察は日韓議員連盟にメスを入れるべきである。また、政府は外国勢力からの収賄について官民を問わず厳しい規制をかけるべきである。特に放送メディア、新聞関係者の外国勢力からの収賄については違法とし、犯罪として取り締まるべきである。

本書の校正中にまたしても不逞売国議員が現れたので書き加える。野田聖子総務大臣である。この女性政治家はポスト安倍を狙い次期総理の座を狙っているとは聞いていたが、ここまで露骨に資金集めをするとは恐れ入る。

電波行政を司る立場であることを良いことに、５Ｇという次世代高速通信技術を支那韓と共同開発するなどという約束を結んだというのである。

５Ｇ技術はＮＴＴをはじめ日本メーカーが世界のトップを走る。先日もこの技術を使って世界三ヶ所からダンスの合成中継を行い、寸分の遅延もなく画像合成に成功したとＮＴＴが発表していた。その最先端技術を支那韓に盗用させようというのである。なぜ欧米先進国ではなくて支那韓なのだ？　答えは簡単である。贈収賄禁止の欧米が相手ではキックバックをもらえないからだ。野田は支那韓からおいくらぐらいのキックバックを期待しているのであろうか。支那韓から収賄した金を他の自民党議員や党員にばらまき、日本初の女性総理に就任することを狙っているのであろう。

以前、ＪＲ東日本の経営者が支那のハニトラに引っかかり、個人的利益のために数両の新幹線車両を支那に売却した。その結果技術をすべて盗まれ、世界市場で日本勢は苦戦している。野田がやろうとしていることはＪＲ東日本の社長と同じである。日本人技術者の汗の結晶を横取りして、それをただで支那韓に与え、その提供料を裏金としていただこうとする泥棒行為である。こんな奸賊を総理にしてはならない。野田は田中角栄と同じ類の国奸である。

５Ｇ開発に関わる企業は、野田の脅しに屈することなく、場合によっては法的手段を使っても技術流出を防がなくてはならない。安倍総理におかれては早急に野田を更迭し、支那韓による技術窃盗を防ぐべきである。

北鮮への米支援の裏側と国会議員の中国詣

自民党の重鎮であったK丸が北鮮へ行った帰りに金の延べ棒をもらって帰ってきたという話は有名である。また、その訪朝時、ホテルで喜び組の女性と致しているところをすべてビデオに撮られ、裸の美女を前に、役に立たない〝息子〟を叱咤しながら裸で部屋を歩き回る姿がお茶目であったという報告も、北鮮からロシアの情報機関を通して漏れ伝えられた。

当時、自民党の幹事長代理の任にあったN中は、飢餓に苦しむ北鮮へ米十万トンを支援すると言い出した。当時の産経新聞は次のように報じている。

平成12年3月19日（幹事長代理当時）、島根県湖陵町で講演し、北朝鮮への米を十万トン支援することに関して日本人の拉致問題を解決しないで、米支援はけしからんというが、日本国内で一生懸命吠えていても（行方不明の）横田めぐみさんは帰ってこない。（三月二十日付産経新聞）

N中は、この支援米は飢餓に苦しむ北鮮の人民を救うために必要であるとして、米を輸送船に乗せて送った。しかし、この米が北鮮に陸揚げされることはなかった。船はそのまま北鮮の港から支那へ向かったのである。支那へ転売されたということである。転売されて得た現金はもちろん北鮮の核開発に使われ、その一部はキックバックとして〝飢餓救済〟を推し進めた中二階組と呼ばれた自民党議員に配られた。

不思議なことに、この事件からしばらくしてN中をはじめ数名が議員を引退する。著者はこの米汚職を当局に察知され、自ら辞職するか、それとも刑務所に入るかの択一を迫られたものと推測している。辞表を出さなかった北海道出身議員はその後逮捕投獄されている。

平成二十一年九月、それまでの自民党政権に代わって民主党が政権についた。小沢一郎氏が幹事長に就任すると、議員団を引き連れて北京詣をすると言い出した。取ってつけたような北京詣になど誰も行くまいと思っていたら、なんと大半の民主党議員が賛同してついていったではないか。途中、飛行機事故でもあったら与党議員の大半が死亡し、国会機能が麻痺するのではないかというくらい、北京に参内したのである。支那指導部にお会いできるのがそんなに嬉しいのかと思いきや、口の軽い新人議員がふと漏らした本音がある。

「行くだけで、お土産を頂けるそうです」。

そのお土産とは何を意味するのだろうか。まさか北京名物で、かつては西太后も好んで食していたと言われる銘菓「茯苓夾餅《ぶくりょうもち》」ではあるまい。その新人議員がふと漏らしたところによると、そのお土産とは〝百ウン十万円の現金〟だというのである。北京に詣で、昼は中共指導部の偉い人にゴマを摺って集合写真を撮らせてもらい、北京ダックをたらふく食べさせてもらって、夜はカラオケパーラーで知り合った表向きホステス嬢（実態は情報機関の工作員）をホテルにお持ち帰りして、変態の限りを尽くし、帰国時には空港で〝百ウン十万円の現金〟をいただけるというのである。この新人議員はホテルの壁の四方には穴が開いていて、ビデオカメラで一部始終を撮られていることを知らないようである。小沢一郎と中国共産党の目論見は、万年野党で中共のハニートラップにも引っかからなかった民主党議員の新人も含めて、全員をハニトラにかけることだったのであろう。

支那韓鮮からの収賄では、中二階組など足下にも及ばぬ大物が存在すると聞いた。日中国交回復を実現した田中角栄の本音は国交回復に伴う日本から支那への経済援助の上前を撥ねることであったという。対支那ＯＤＡの総額は六兆円に上るそうである。田中は相手の周恩来に国交回復と経済援助の見返りとして三パーセントのキックバックを要求したそうだ。六兆円の三パーセントは千八百億円である。田中派は支那から払われるこのバックリベートを肥やしに肥え太っていく。現在でも支那に媚びて北京詣を繰り返しているのは、旧田中派所属または縁の者である。彼らはいまだにチャイナマネーは自分たちの利権であると考えているのである。

支那との国交を回復した昭和四十七年九月、著者は大学二年生であった。すでに保守系の学生運動に身を投じていた著者は、この問題を固唾をのんで見守っていた。一体何のために支那共産主義と和解しなくてはならないのか、明白なる根拠を見いだせない国交回復であった。国論は対支那国交回復賛成派（北京擁護）と反対派（台湾擁護）に二分されていた。自民党内では当初反対派すなわち台湾擁護派が優勢であった。しかし、理由はわからぬが、反対していたはずの議員が次々に賛成派に転向していく。仕舞いには頑迷に台湾を擁護していた福田派の所属議員まで、櫛の歯が抜けるように次々と賛成派へと転落していった。まだ世間知らずの学生であった著者は、反対派だった輩が賛成派へ寝返るにはそれ相当なる理由があり、そこには高邁なる外交哲学があるに相違ないと自らを納得させていたのだが、時の総理がキックバックを要求していたと知ったとき、そこには高邁なる哲学など存在せず、単に現金が舞っていただけだと知ったのである。田中は中共から工作資金として多額の金を受け取り、それを使って反対派議員を買収していたのである。多くの自民党議員が千八百億円の裏金につられて台湾を捨て、北京詣をするようになったのであった。

篭絡された日本

支那韓鮮が繰り広げる〝虚構の南京虐殺捏造〟〝尖閣占領策動〟〝慰安婦強制連行捏造〟〝日本人拉致〟〝竹島不法占拠〟に対して歴代自民党政権が断固たる対応を取れなかった理由は、自民党議員だけでなく、外務官僚、マスコミその他関係する日本人が支那韓鮮からの賄賂に塗れており、弱みを握られているからである。最近、二階俊博氏が経済団体を率いて北京詣をしたようであるが、一体おいくらほどのキックバックを期待していたのであろうか。

与野党を含めて多数の国会議員が支那韓鮮からの賄賂をあてにして日韓議員連盟と日中友好議員連盟に名を連ねている。読者諸兄におかれては在日韓国人への生活保護支給禁止やパチンコ規制が遅々として進まない理由と〝南京〟〝慰安婦〟〝竹島〟〝日本人拉致〟に対して政府が毅然たる反撃を行わない理由を理解することができるであろう。日本の政界・官界（特に外務省）・マスコミは支那韓鮮から収賄を暴露されたら困る連中ばかりなのである。

民主主義国家で政治家は選挙という金のかかる関門を潜らなくてはならない。そこに自由に贈賄できる独裁国家がつけ込み、国を内部から崩壊させていく。日本という国は政界もマスコミも特亜からの賄賂に汚染されまくっている、それが現状である。

民主主義国家と独裁国家が対決すれば、圧倒的に民主主義国家が不利である。選挙という金のかかる関門を潜らなくてはならない民主主義国の政治家は独裁者が提供する賄賂に群がり、気がつくと議会は独裁国家の犬に占拠されていることになる。民主主義国家で贈賄は犯罪となるが、独裁国家では犯罪とはならない。少なくとも、特定国への利益供与を防ぐためにも、国会議員については特定国との議員連盟参加を禁止し、独裁国家からの収賄議員については懲役刑を含む厳罰に処すべきである。また、心ある有権者であるなら、日韓議員連盟と日中友好議員連盟に所属する国会議員を落選させるように仕向けなくてはならない。売国議員には投票するなということである。

日本人の民族的欠点は「身内に甘い」である。これは「和を以て尊しとなす」という聖徳太子のお言葉に由来する。すべての案件が日本国内で消化できるのならそれでよいのだが、国際関係にかかわってくると、身内への甘さを外国勢力に利用され国難に陥ることも多々ある。
幾人もの日本人が北鮮により拉致されていた頃の日本側警備責任者の責任をなぜ追及しない。当時の警察庁長官、海上保安庁長官、防衛庁長官、国家公安委員長の責任をなぜ問わないのであろうか。この中には、拉致被害を知りながら国際問題化するのを恐れて、見て見ぬふりをしていた者がいるはずである。さらに北鮮から賄賂を受け取って知らぬふりをしていた国奸もいたかもしれない。もしも米国で同じような事件が頻発したなら、責任者は軍法会議に掛けられ営巣送りとなったことであろう。身内の責任を問わないという日本人の悪習が続く限り、支那韓鮮による日本籠絡が続くであろう。

参考：日中国交回復（ウキィペディアより）

これにより、中華人民共和国建国23年を経て両国間の懸案となっていた正式な国交がない状態を解決した。１９７２年9月25日に、田中角栄内閣総理大臣が現職の総理大臣として中華人民共和国の北京を初めて訪問して、北京空港で出迎えの周恩来国務院総理と握手した後、人民大会堂で数回に渡って首脳会談を行い、９月29日に「日本国政府と中華人民共和国政府の共同声明」（日中共同声明）の調印式において、田中角栄、周恩来両首相が署名したことにより成立した。またこの日中共同声明に基づき、日本は中華人民共和国と対立関係にあり、それまで国交のあった中華民国に断交を通告した。

第十一章　帝国政府声明と韓国問題

日本糾弾の根拠は東京裁判史観

韓国人が日本糾弾の根拠にしているのが東京裁判史観である。日本は東京裁判において戦犯国であると認定されたから、いくらでも侮辱してやってもよいとするのが支那韓鮮である。東京裁判史観が生き続ける限り、支那韓鮮は手を変え品を変え、新手の糾弾ネタを繰り出してくるだろう。まるでモグラ叩きのようである。こっちのモグラを叩けば、あっちのモグラが顔を出す。

東京裁判による日本悪者論は対日コンプレックスに苛まれる韓国人に格好の劣等感解消ネタを提供した。東京裁判史観がある限り、韓国は未来永劫にわたって日本叩きを行える。いくら日本が先進国であり、科学技術大国であり、文化大国であっても、戦犯国家である限り、韓国の風上に立つことはない。韓国人はそう考えているのである。

しかし、よくよく考えてみると、韓国の言い分にはかなり無理がある。なぜなら、韓国は前述した通り、自ら日本への併合を申し出て大日本帝国の一部となった以上、大東亜戦争時の韓国は大日本帝国の朝鮮半島部であり、大日本帝国が戦犯国であったなら、韓国も同じ戦犯国となる。

ナチスドイツに対するオーストリアの関係と、韓国と日本の関係は同じであると言われる。しかし、オーストリアはナチスによって強制的にドイツに併合されたが、韓国は自ら懇願して大日本帝国に併合してもらったのである。オーストリアは強制的に戦犯国にされてしまったが、韓国は自ら進んで戦犯国の一翼を担ったのである。それゆえ韓国をオーストリアと同列に扱うことはできない。

親分と子分が共犯であったのに、摘発された後、子分の方が「自分は無罪だ、悪いのは自分を悪の道に強制的に誘い込んだ親分だ、自分は被害者だ」と言い張るようなものである。呼ばれてもいないのに自分の方から悪の道に入り込んだ癖して、共犯を働き、自分は被害者であるはないであろう。厚かましいにも程がある。

歴史の捏造と抹消は韓国の国技であるから、彼らは大日本帝国の忠実なる舎弟であったという過去を抹消した。少なくとも彼らの脳内では日韓併合も純宗による勅書（懇願勅書略して懇勅）も、一進会の存在もすべて忘却してしまったのである。その忘れ方はまるでコルサコフ症患者のようである。コルサコフ症の患者は自分の記憶をコントロールできるという特技を持つ。自ら捏造した記憶をそれがあたかも真実であるかのように信じ込むと、程なく彼の脳内ではそれが真実であると処理され、記憶に固定される。犯罪者に多く見られる症候群で複数の凶悪事件の犯人もコルサコフ症候群ではなかったのかと疑われている。自分は犯人ではないと願望すると、それが記憶として定着する。それゆえ、この種の犯人は絶対に自白しない。自分は無実であると信じ込んでいるからだ。

韓国人は民族総コルサコフ症ではないか。その病因が幼児期からの唐辛子（カプサイシン）

の過剰摂取によるものかどうかは研究の余地を残すところである。今後の研究成果が期待される所以である。

参考：コルサコフ症候群（ウィキペディアより）

脳の機能障害によって発生する健忘症状である。

ロシアの精神科医セルゲイ・コルサコフ（英語版）にちなみ、命名された。後に、ビタミンB1の欠乏によって起こることがわかったため、同じくビタミンB1の欠乏によって起こるウェルニッケ脳症と合わせて「ウェルニッケ・コルサコフ症候群」としてまとめられる場合がある。視床背内側核または両側乳頭体の障害で生ずる。大脳の萎縮を伴うこともある。ウェルニッケ・コルサコフ症候群といっても、障害が側頭葉のウェルニッケ野に生ずるわけではない。病像はウェルニッケ脳症とかなり違っており、それが慢性化した状態ではない。主としてアルコール依存症に由来する栄養失調が原因とされ、外傷や脳卒中など、その他の器質的原因によって起こる場合もある。長期記憶の前向性健忘と見当識の障害を伴う逆向性健忘が、同時に起こる。健忘に対し、作話でつじつまを合わせようとすることも特徴である。思考や会話能力などの知的能力に、目立った低下は見られない。コルサコフ症候群の患者は被暗示性が強く、過去の記憶と妄想の区別がつかなくなる。

ウェルニッケ脳症は回復可能とされているが、コルサコフ症候群は若干改善することはあっても基本的には不可逆的障害である。ウェルニッケ脳症とは違い、意識障害を含まない概念である。

「日本はアジア侵略を試みて敗北した惨めな国である」とする東京裁判史観が正しいならば、韓国人は自分も共犯であることを棚に上げて、日本人を戦犯民族として未来永劫罵り続けることが可能となったことであろう。しかしながら極めて残念なことに、最近になって東京裁判はいわゆる戦勝国が大日本帝国を悪者とするために捏ち上げた〝カンガルー裁判（インチキ・リンチ裁判、カンガルーは前へ歩くだけなのに、やけに高く跳ね上がる。このことから、些細な犯罪をさも大げさに指弾する裁判を言う）〟であったことが科学的に証明された。証明したのは著者である。

ここでは、大東亜戦争がアジアにおける欧米植民地解放戦争であったことを裏づける記述の一部を拙著『大東亜戦争の開戦目的は植民地解放だった　帝国政府声明の発掘』（展転社刊）より引用する。詳細については同書を参照されたい。

侵略者豹変論

第一章ではアジアにおける欧米植民地の解放は日本軍の進出によるものであることを数理的に検証した。これによりアジアの解放は大東亜戦争の結果論ではないことが明らかとなった。なぜなら大日本帝国は開戦中に東南アジア六ヶ国を独立承認し、一ヶ国に独立宣言を行わしていたからである。これらのアジア諸国が戦後になってから独自に独立を達成したのなら結果論は成り立つが、戦中に日本軍政下で独立したとなると結果論は破綻する。

戦後近現代史論壇が規定してきたように、アジア解放は結果論であって、植民地の横取りが大日本帝国の目論見であったとするなら、開戦時に大日本帝国政府はアジア解放の意図など微塵も持たなかったことにしなくてはならない。開戦時に解放意図などなかったのに戦争中に解放したとなると、その意味するところは、大日本帝国政府は東南アジアに侵攻した後、開戦直後に急遽アジア解放意図を捏ち上げたということである。侵略目的で押し入ったら、解放軍として迎えられたから、急遽「侵略者」から「解放者」に衣替えしたということである。この衣替えをここでは「侵略者豹変論」と名づけることにする。

もしも解放意図を示唆する言動などが全くなくして開戦に至ったのであれば「侵略者豹変論」は肯定されるであろう。しかし、アジア解放を宣する明白なる文書が開戦日である昭和十六年十二月八日以前に発せられていたなら「侵略者豹変論」は破綻する。

帝国政府声明を見る

資料1は大東亜戦争開戦日、昭和十六年十二月八日発行（発行日付は十二月九日）の朝日新聞夕刊第一面である。マレー上陸作戦、真珠湾攻撃が敢行され、大日本帝国が米英へ宣戦を布告したことを伝える当日の朝日新聞夕刊である。

日本人の多くは十二月八日は記憶に残していても、当日の新聞紙面を読み起こす人は極めて少ないであろう。歴史を再検証するとき、新聞は貴重な資料と成る。それでは開戦当日の新聞を読み直してみよう。

まず一番目立つのは、上段中央に位置する昭和超帝の「開戦に当たっての詔書」である。我が国の言論人、歴史家、評論家などの知識人はその論文、著書で開戦を取り上げるたびこの詔書を取り上げてきた。その内容とは、米英による帝国への横暴を排除し、自存自衛を確保するため、開戦の止む無きに至った経緯を説明し、南方へ出征する兵士を激励すると同時に、内地に残る国民へ銃後の守りを固めるよう訓示したものである。残念ながら、なぜ東南アジアへの進出が必要なのかについてのご説明は書かれていない。この詔書は陛下のご本心を吐露されたも

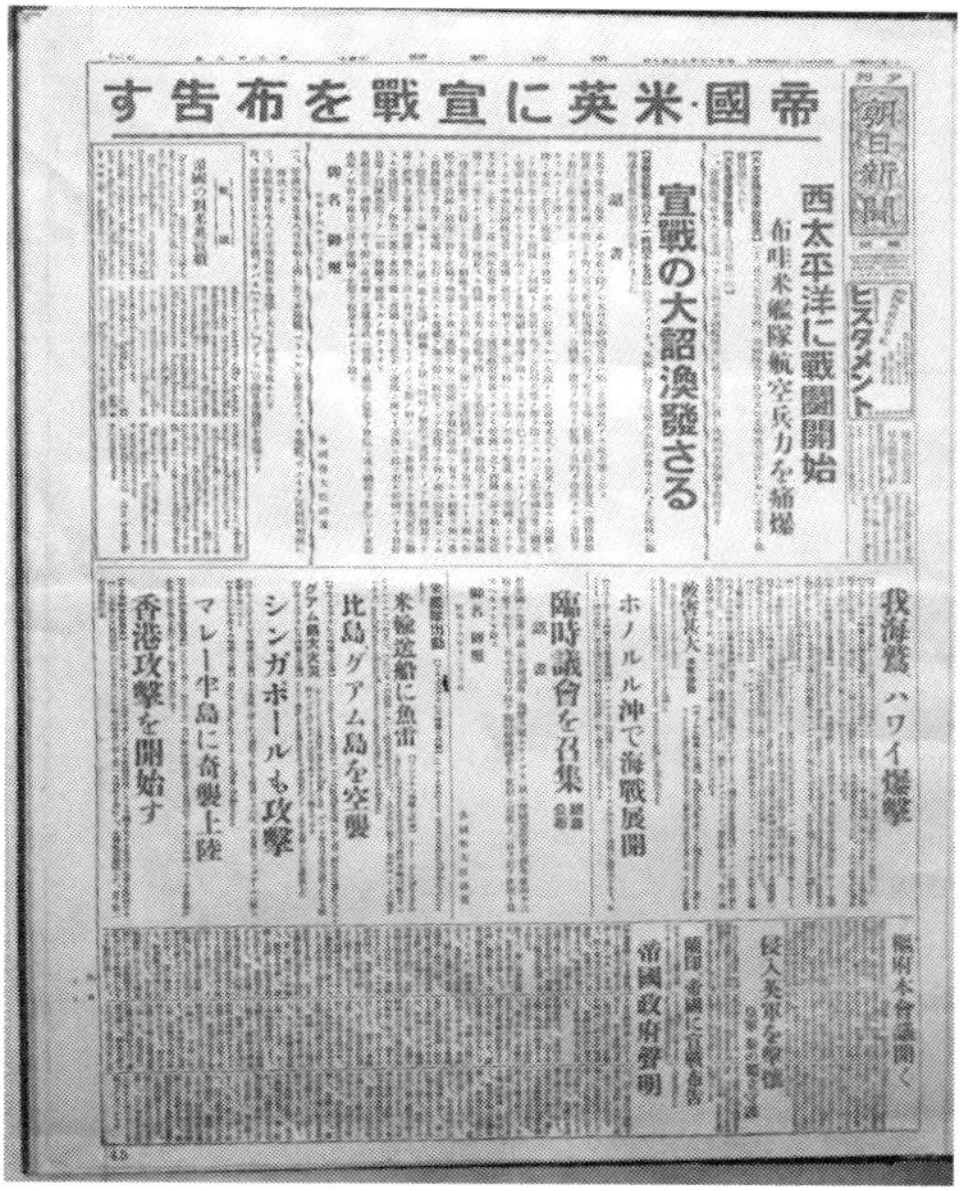
朝日新聞
帝國・米英に宣戰を布告す
西太平洋に戰鬪開始
布哇米艦隊航空兵力を痛爆
宣戰の大詔渙發さる
我海鷲　ハワイ爆撃
ホノルル沖で海戰展開
臨時議會を召集
米輸送船に魚雷
比島グアム島を空襲
シンガポールも攻撃
マレー半島に奇襲上陸
香港攻撃を開始す
侵入英軍を撃攘
帝國政府聲明

資料１　開戦当日の新聞

マレー上陸作戦、真珠湾攻撃が敢行され、大日本帝国が米英へ宣戦を布告したことを伝える当日の朝日新聞夕刊である。

のとして、当然のごとく重視され、開戦当日における帝国の意志発露はこの詔書のみであったかのような錯覚を識者へ与えてしまったのか、戦後、大日本帝国の開戦意図を開陳する唯一の文書として多く紹介されてきた。しかし、アジア進攻理由が書き込まれていないため、日本共産党はその自存自衛とはアジア侵略を正当化するための「自存自衛」であったとして悪用した。

紙面の最後段に目を遣ると、「帝国政府声明」（資料2）というものが記載されている。ここに、アジア解放宣言が書き込まれていたのである。詳細については後述する。

著者がこの〝帝国政府声明〟に遭遇したその経緯について語ろう。

著者は自分が経営するコミュニティーラヂオ局で、社会時評を語る番組を持っている。毎日一、二時間ほど、その時々の政治案件や、歴史、経済、科学技術に関することを語るのだが、その番組の中に昔の新聞を紹介するコーナーを持っていた。

そのコーナーに、リスナーから終戦後初めての正月、すなわち昭和二十一年の元旦はどんな様子だったのか当時の新聞を紹介して欲しいとの要望が寄せられた。そこで著者はスタッフに市立図書館から当時の新聞をマイクロフィルムからコピーし持ち帰るよう依頼したのだが、その時ついでに開戦日の新聞も手に入れようと考え、昭和十六年十二月八日（日付は十二月九日）の新聞もコピーするよう命じた。そして、上記の帝国政府声明に出会ったのである。

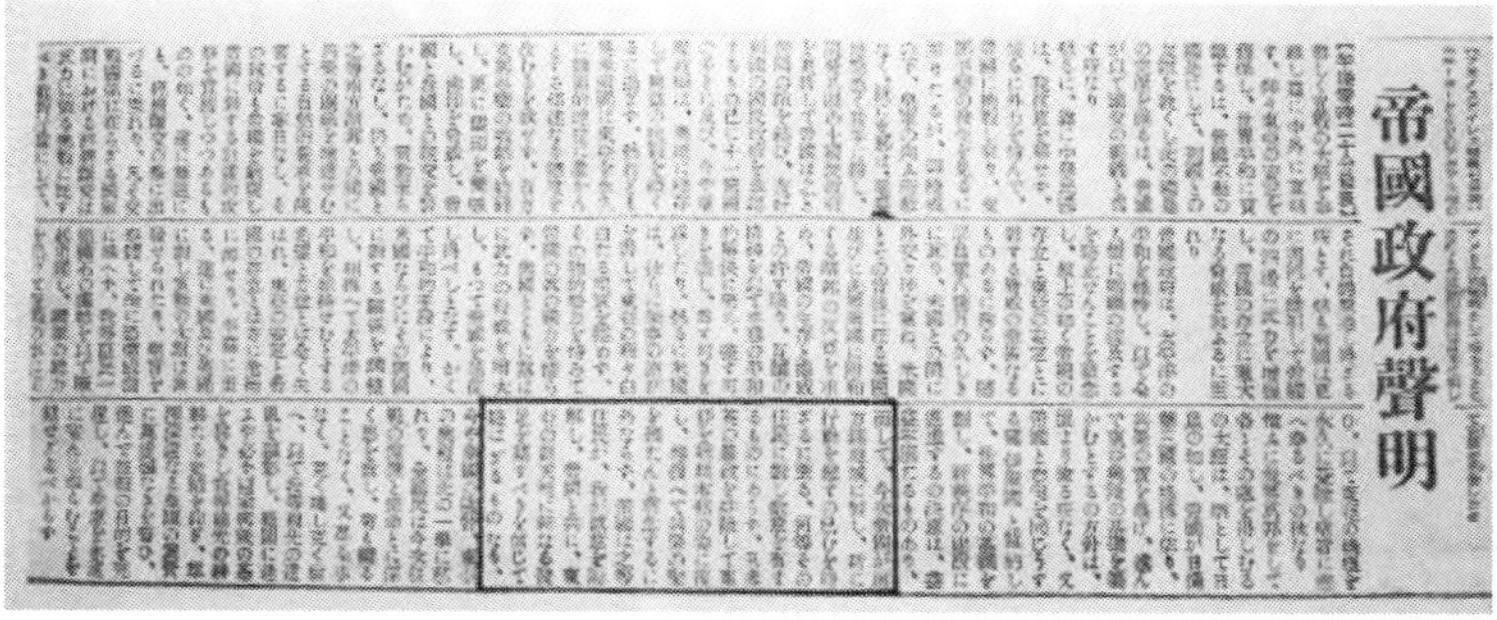
帝國政府聲明

資料２　帝国政府声明

著者の第一印象は「やはり声明文を出していたのか」という程度であり、当初はさほど重要視はしなかった。なぜなら、重要視するほどの価値ある〝帝国政府声明〟であれば、陛下の詔書と同様、論文等で多用されて来たはずだからである。重視されてこなかったということは書かれている内容がさほどの内容ではないか、または陛下の詔書と内容が重複するためであると考えたからである。

たとえ期待度は低くても、番組ではその内容を紹介しなくては成らないから、一応番組開始前に内容を把握しようと読み始めた。前半は対支対米英交渉が不調であり、米英からの軍事的脅迫を受け、経済封鎖という戦争行為に等しい抑圧を受けてきたことが書かれていた。そして、中段から行き成り、次の文章が飛び出してきた。

「而して、今次帝国が南方諸地域に対し、新たに行動を起こすのやむを得ざるに至る、なんらその住民に対し敵意を有するものにあらず、只米英の暴政を排除して、東亜を明朗本然の姿に復し、相携えて共栄の楽を分かたんと祈念するに外ならず。帝国は之ら住民が我が真意を諒解し、帝国と共に、東亜の新天地に新たなる発足を期すべきを信じて疑わざるものなり」

解りやすく書き直すと次のようになる。

「そのため、今回帝国は東南アジア地域に武力進攻せざるを得なくなったが、それは決して東南アジア住民に対して敵意を持つからではない。ただ、米英から東南アジア住民に対し加えられてきた暴政を排除し、東南アジアを白人によって植民地化される前の、明白なる本来在るべき姿へ戻し、ともに協力して繁栄することを願うからである。大日本帝国は東南アジアの住民たちがこの戦争目的を了解し、東亜に新たなる政治経済体制の構築を目差し共に行動することを疑わない」

平たく言えば、「アジアを白人植民地から解放して、白人が支配する前の状態に戻す。即ち独立国家とする」と言っているわけである。

ここで、注目すべきはこの〝アジア解放宣言〟において東南アジアの人々を「住民」と表し「国民」とは呼称していないことである。その理由は明白で、当時東南アジアにタイ王国国民以外に「国民」など存在しなかったからである。タイ王国以外の現地住民は「植民地の住民」だったのである。

（中略）

上記原文記事を著者が読み下し文に変換してみる。

【帝国政府声明　午後　零時二十分發表】

恭しくも陛下より米英に対する宣戦の大詔が発せられたので、大日本帝国政府は国の内外に対し次の政府声明を発表する。東亜の安定を確保し、世界平和に貢献するのは、大日本帝国の不動の国是であり、それを実現するため大日本帝国は列国との友好を最優先してきた。しかしながら、蔣介石国民党政府は、いたずらに外国勢力と徒党を組んで、我が国に敵対し、その結果、支那事変の発生を見た。しかしながら、蔣介石の反発にも拘わらず、陛下の御威光により、大日本帝国陸海軍の向かうところに敵は無く、支那の重要拠点は、ことごとく大日本帝国陸海軍の占拠するところとなり、大日本帝国と志しをおなじくする人々により、南京に国民政府が樹立され、その支那国民政府と大日本帝国は、現在友好関係にあるのみならず、十一ヶ国もの諸国が支那国民政府を支那に於ける正当政府として承認している。そして、これに敵対する蔣介石の重慶政権は、支那の奥地で無駄な抵抗を続けるのみとなってしまった。

こうしてようやく支那に平和が戻ろうとしている情況が出来つつあるのに、米英両国は東亜を永久に隷属的地位に置こうとする頑迷な態度を改めていない。それどころか、米英両国は奸計を労して支那事変の終結を妨害し、オランダをそそのかし、フランスに脅威を与え、大日本帝国とタイ国との親交までも妨害してきた。その目的は、大日本帝国とこれら東亜の南方諸国との共存共栄の道を阻害することである。

こうした米英両国の動きは、大日本帝国を敵視し攻撃しようとするものであるが、今回米英は「経済断交」という暴挙を行うに至った。国家間において「経済断交」というのは、宣戦布告に匹敵する敵対行為であり、国家としてそれを黙認できるものではない。しかも米英両国は、さらに他の国々を誘い込み、大日本帝国の周辺で武力を増強し、大日本帝国の自立に重大な脅威を与えている。

大日本帝国政府はこれまで、上に述べたよう米英が大日本帝国の存立と東亜諸国の安定とに対して重大な脅威を与えて来ているにもかかわらず、太平洋の平和を維持し、全人類に戦禍の波及することがないよう堪忍自重し、米国と外交交渉を重ね、背後にいる英国並びに米英両国に附和雷同する諸国に反省を求め、大日本帝国の生存と権威の許す限り、互譲の精神をもって事態の平和的解決に努めてきた。しかし、米国はいたずらに空虚なる原則を弄び、東亜諸国の現実を認めず、大日本帝国の真の国力を悟ろうともせず、武力による脅威を増大させ、大日本帝国を屈服させようとしてきた。その結果、大日本帝国は、平和的解決手段を全て失う事となった。

東亜の安定と帝国の存立とは、今まさに危機に瀕している。それ故米国及び英国に対し宣戦の詔勅が発せられたのである。詔勅を承り、まことに恐懼感激に堪えないものがある。

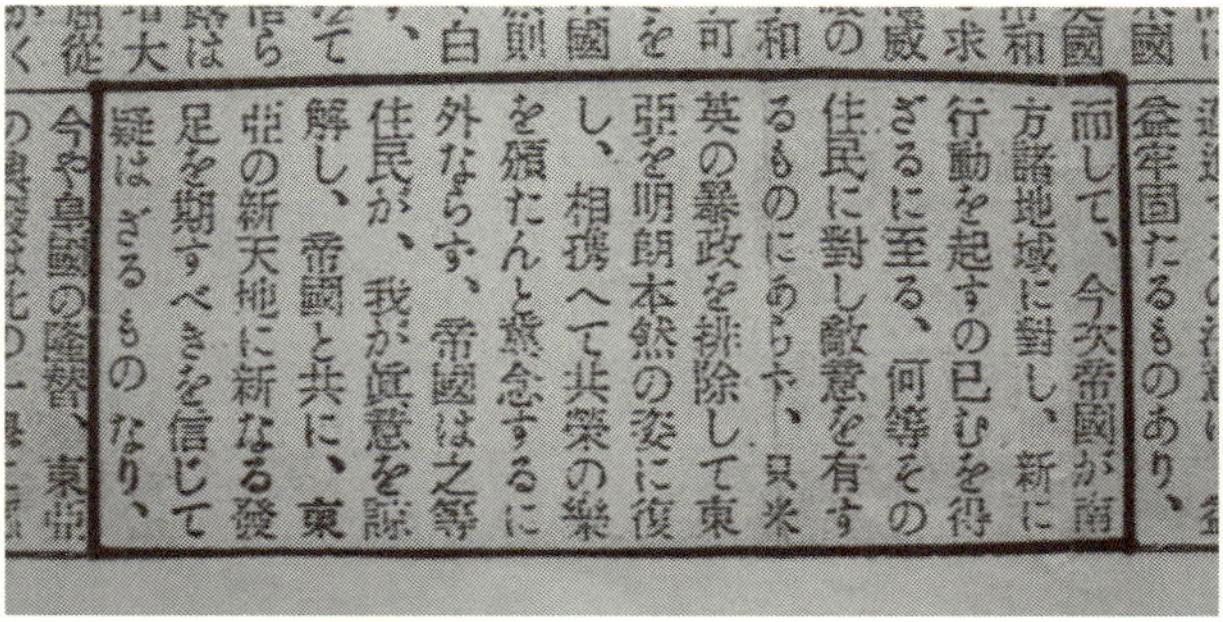
而して、今次帝國が南方諸地域に對し、新に行動を起すの已むを得ざるに至る、何等その住民に對し敵意を有するものにあらず、只米英の暴政を排除して東亞を明朗本然の姿に復し、相携へて共榮の樂を頒たんと冀念するに外ならず、帝國は之等住民が、我が眞意を諒解し、帝國と共に、東亞の新天地に新なる發足を期すべきを信じて疑はざるものなり、

資料３　アジア解放宣言

帝国臣民は、一億鉄石の団結で決起勇躍し、国家の総力を挙げて戦い、東亜の禍根（白人支配）を永久に排除、聖旨にこたえ奉るべき状況となった。

世界各国が各々その所を得るべしという詔勅は、日星の如く明らかである。

大日本帝国が日満華三国の提携によって共栄の実を挙げ、進んで東亜諸国の興隆の基礎を築こうとしてきた方針は、もとより変るものではない。また大日本帝国は、志を同じくするドイツ、イタリア両国と盟約し、世界平和の基調を糾すべく新秩序の建設に邁進する決意をますます強固にしている。

今回帝国は東南アジア地域に武力進攻せざるを得なく

なったが、それは決して東南アジア住民に対して敵意を持つからではない。ただ、米英から東南アジア住民に対し加えられてきた暴政を排除し、東南アジアを白人によって植民地化される前の、明白なる本来在るべき姿へ戻し、ともに協力して繁栄することを願うからである。大日本帝国は東南アジアの住民たちがこの戦争目的を了解し、東亜に新たなる政治経済体制の構築を目差し共に行動することを疑わない。

今や大日本帝国と東亜の興廃は、この一挙にかかることとなった。全国民は、このたびの戦いの原因と使命に深く思いを馳せ、けっして驕ることなく、また怠ることなく、よく尽くし、よく耐え、それによって私たちの祖先の遺風を顕彰し、困難にあったら必ず国家興隆の基を築いた父祖の光栄ある歴史と業績と雄渾深遠なる陛下の統治を思い、万事にわたってソツがないようにすることを誓い、進んで戦争の目的を完遂し、陛下の御心を永遠に安んじ奉ることを期待する。

原文と同じく傍線を付した部分が〝アジア解放宣言〟である。資料3にその拡大を示す。

前章にて昭和十六年十二月八日以前に欧米植民地の解放が大日本帝国政府によって明言されていたら、大東亜戦争によるアジア解放は後づけや結果論ではなく先づけ論であり開戦目的がアジア解放であったことを証明すると述べたが、帝国政府声明こそ、その明確なる証明である。

開戦の日に開戦目的を記述した政府声明が発表され、そこにアジアの解放が目的であると記されている以上、大東亜戦争の戦争目的はアジアにおける白人植民地の解放であったと断定せざるを得ない。

帝国政府声明の発掘により開戦目的はアジアにおける白人植民地の解放であったことが証明され、図1、図2に示すアジア解放グラフは開戦意図が具現化されたことを裏づけている。

再び『大東亜戦争の開戦目的は植民地解放だった』より引用する。

帝国政府声明の発掘は戦後歴史観を転覆させる

次に帝国政府声明の発掘が歴史評価に与える影響を考えよう。結論から言うと、戦後歴史観を根底から転覆させることになる。

戦後、我が国を支配してきた歴史観とはGHQと日本共産党が作りあげた「大日本帝国は資源欲しさにアジアを侵略したあげくにみじめに敗戦した」というものである。

著者はこの歴史観を侵略敗戦史観と名づけた。世間一般には自虐史観と呼ばれるが、より正確にいうなら、「大日本帝国とは資源略奪侵略を企んで、アジア各国へ散々迷惑をかけた後、

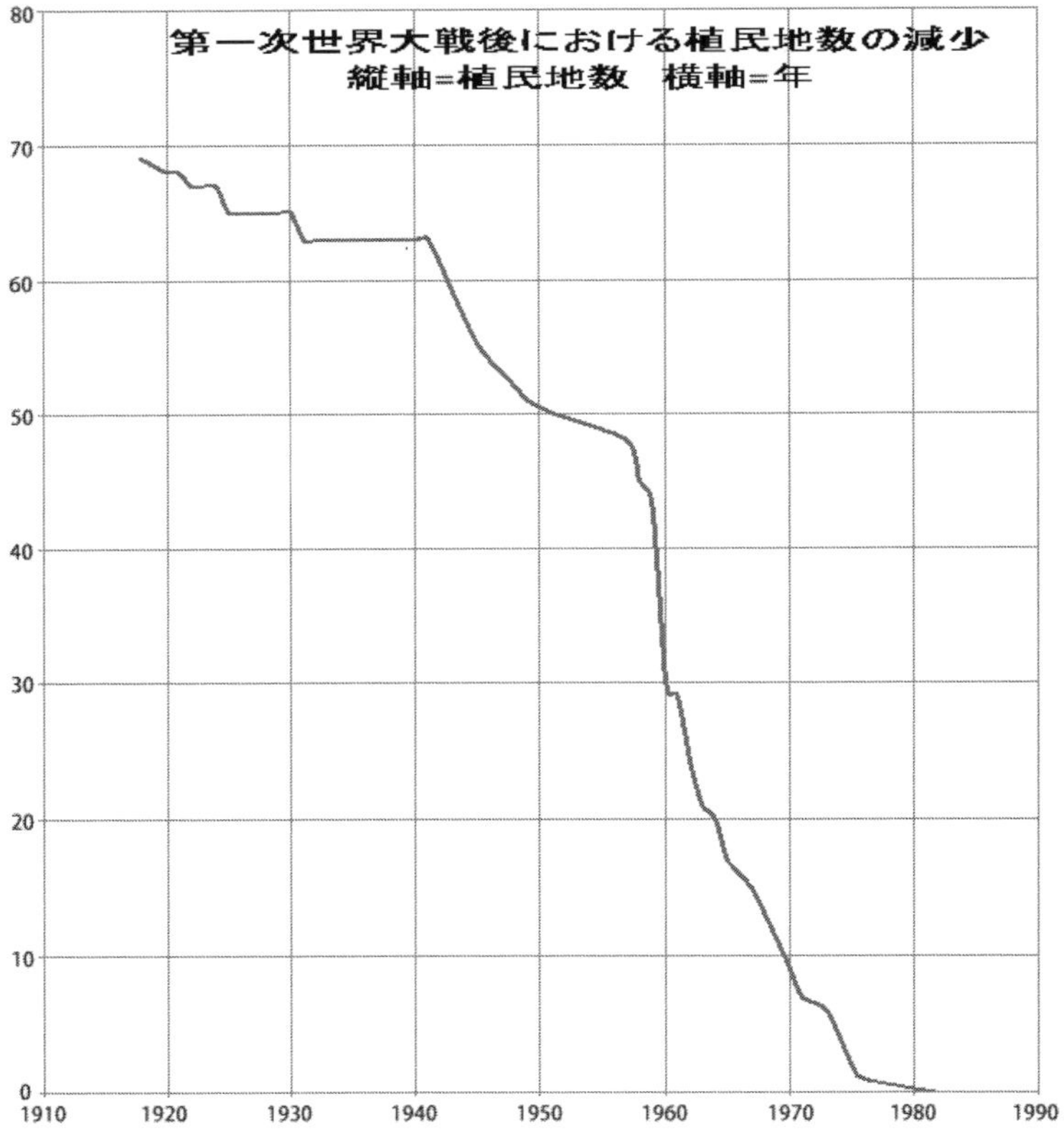

図１　第１次大戦後における欧米植民地数の減少

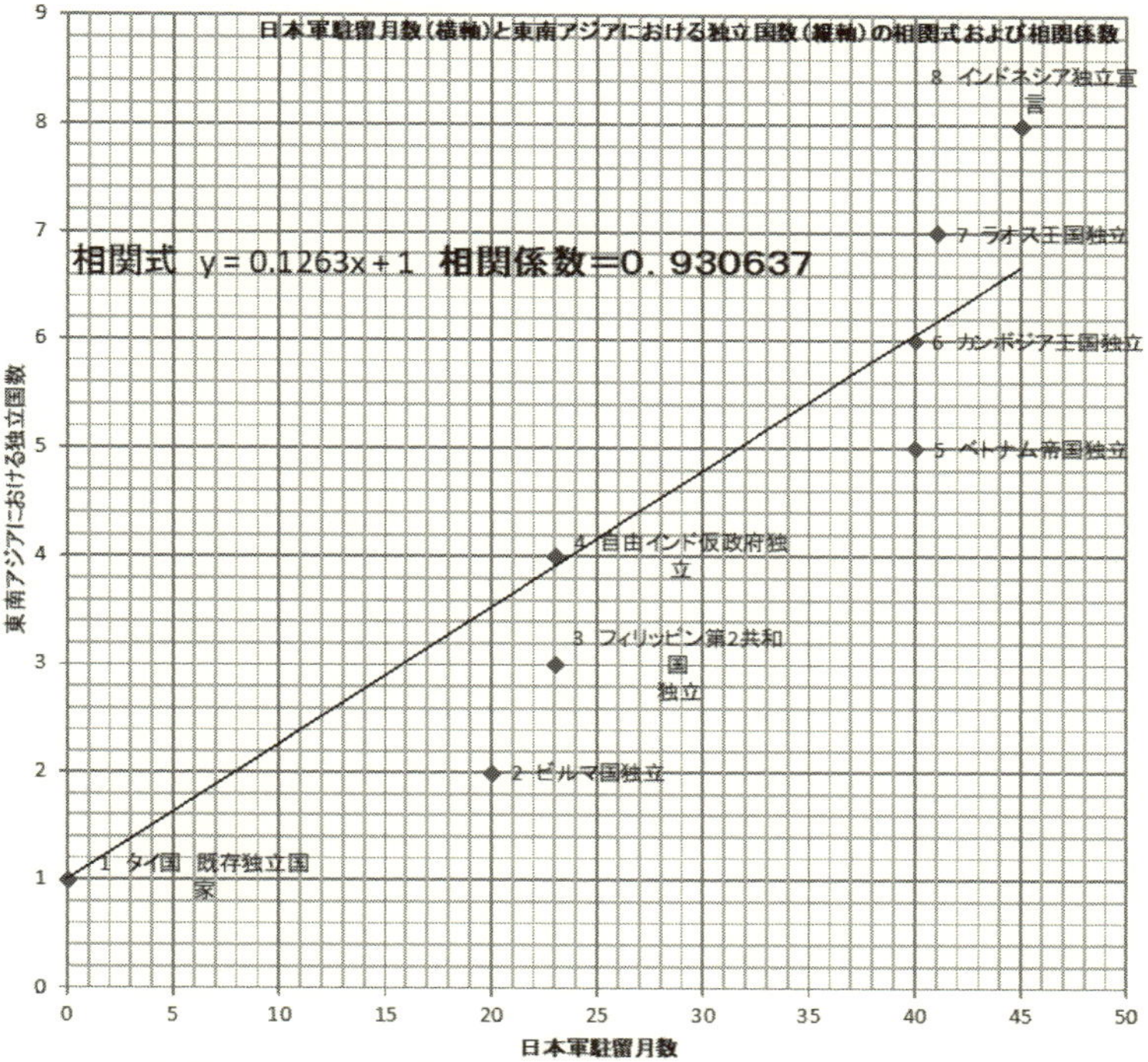

図２　日本軍駐留月数（横軸）と東南アジアにおける独立国数（縦軸）の相関式および相関係数

敗北した無様な国家である」と規定する歴史観である。

日本共産党と白人国家は大日本帝国を悪とすることに於いて利害が一致する。

戦前において日本共産党はソ連共産党の犬、即ちコミンテルン大日本帝国支部として共産主義者による世界制覇と虐殺に貢献し、帝国政府転覆を謀っていたから、特高、憲兵に弾圧されたのである。暴力革命を主張し議会制民主主義を否定する日本共産党を弾圧することは正しい行為だったのである。著者は現在でも共産党は非合法化すべきと考えている。

一方、白人国家は数百年に亘ってアジア・アフリカ・南北アメリカの有色人種を隷属、虐殺、搾取してきた。

要するに日本共産党も白人国家も悪党に違いないのだが、彼らに立ち向かった大日本帝国を悪としなくては、自らの立場を取り繕うことは出来ないのである。

大東亜戦争を解りやすく例えれば次のようになる。

アジアの住民から警察署（大日本帝国）へ「強盗が入ったから、助けてくれ、もうすぐ警察署も襲うようだ」と通報があり、警官は住民を強盗から解放し、自らをも強盗から護るためアジアに乗り込み、強盗を蹴散らしたのだが、最後に強盗のだまし討ち（原爆投下）に遭い、逆に捕らえられてしまった。強盗は勝手に捕らえた警官を「こいつこそ、強盗だ」と言って自分たちがでっち上げた検察に身柄送検し、さらに自分たちででっち上げた裁判所（極東軍事裁判所）で審理し、有罪として処刑した。

極東軍事裁判（東京裁判）については後述するが、帝国政府声明の発掘は大日本帝国こそがアジアの善良なる警察官であったことを証明する。それ故、白人戦勝国は帝国政府声明を無き者とする必要があったのである。

帝国政府声明は我々に以下の歴史見直しを突きつけている。

・靖国神社に祀られる英霊たちはアジア解放・有色人種解放戦争で犠牲となった殉教者である。

・支那は自ら有色人種でありながら白人の手先となって日本によるアジア解放を妨害していた有色人種の裏切り者である。

・韓国はアジア解放戦争の共犯であるにも拘わらず、白人に侵略者のレッテルを貼られると自ら有色人であるにも拘わらず、白人側に寝返った裏切り者である。

・白人側に寝返った以上、有色人種に謝罪と反省を行うべきは支那と韓国である。

・国家神道のみが白人キリスト教勢力を打ち負かした世界最強宗教である。なぜなら仏教徒、イスラム教徒、ヒンズー教徒も白人キリスト教徒に支配されていたからである。日本人は国家神道を復権させなくてはいけない。

・現行憲法とは有色人種解放をもたらした大日本帝国憲法を壊滅させ、日本を悪役に仕立てる事により、植民地支配という白人の侵略犯罪行為を正当化するために押しつけた〝白人正当化憲法〟である。それ故、制定時に遡って無効としなくてはならない。

・東條英機首相ら所謂「A級戦犯」は有色人種解放の殉教者である。

開戦の日に発せられた昭和天皇の開戦の詔書と、閣議決定された後陛下の決裁を得て、同じく開戦の日に発表された帝国政府声明。開戦中の昭和十八年十一月五―六日に開催された大東亜会議、終戦の詔書に記述されたアジア解放意義を考慮すれば、大東亜戦争が植民地解放戦争であったことは明白であり、アジア解放後づけ論こそ後づけであり、アジア解放結果論こそ捏ち上げであったことが解明される。

参考：大東亜会議（ウィキペディアより）

大東亜結集国民大会

大東亜会議（だいとうあかいぎ、旧字体：大東亞會議）は、1943年（昭和18年）11月5日―11月6日に東京で開催されたアジア地域の首脳会議。同年5月31日に御前会議で決定された大東亜政略指導大綱に基づき開催された。

当時の日本の同盟国や、日本が旧宗主国を放逐したことにより独立とされたアジア諸国の国政最高責任者を招請して行われた。そこでは、大東亜共栄圏の綱領ともいうべき大東亜共同宣言が採択された。日本は第2回目の大東亜会議を開催する計画を持っていたが、戦局の悪化に伴って開催困難となり、昭和20年（1945年）5月には代替として駐日特命全権大使や駐日代表によ

大東亜会議に参加した各国首脳と代表団（帝国議事堂前にて記念撮影）。
左からビルマ、満州国、中華民国、日本、タイ王国、フィリピン、インド。

大東亜会議に参加した各国首脳（帝国議事堂前にて記念撮影）。
左からバー・モウ、　張景恵、汪兆銘、東條英機、ワンワイタヤーコーン、
ホセ・ラウレル、スバス・チャンドラ・ボース

大東亜結集国民大会で演説を行うチャンドラ・ボース

大東亜結集国民大会

る「大使会議」が開催された。

戦勝国は日本だった

ドイツの軍学者カール・フォン・クラウゼビッツが「戦争とは外交目的を達成するための外交手段のひとつである」と定義し、その定義から「戦勝国とは外交目的すなわち戦争目的を達成した国である」という結論が導き出される訳だが、本章では〝戦争目的の達成如何〟について論じよう。

大日本帝国の戦争目的は本書冒頭で紹介したとおり昭和十六年十二月八日正午過ぎに発表され、各紙夕刊に記載された〝帝国政府声明〟に明記されている。声明文の後半に次のように書かれている。

「而して、今次帝国が南方諸地域に対し、新たに行動を起こすの已むを得ざるに至る、何等その住民に対し敵意を有するものにあらず、只米英の暴政を排除して東亜を明朗本然の姿に復し、相携えて共栄の楽を分かたんと祈念するに外ならず、帝国は之等住民が、我が真意を諒解し、帝国と共に、東亜の新天地に新たなる発足を期すべきを信じて疑わざるものなり」

「米英の暴政を排除して東亜を明朗本然の姿に復し、相携えて共栄の楽を分かたんと祈念する」とは、「米英を駆逐し植民地になる前のアジア、すなわち独立したアジアへ戻し、大東亜共栄圏を構築する」という意味である。これが大日本帝国の戦争目的であった。

一方、米国の戦争目的は、パールハーバー攻撃の翌日にルーズベルト大統領が議会で行った演説に示されている。それによると米国の戦争目的は、

1）米国領土の保全

2）極東からの軍事的脅威の恒久的排除

以上の二点である。

次に日米双方、どちらが戦争目的を達成したかについて検討しよう。

大日本帝国は昭和十八年八月一日のビルマ国の独立承認をきっかけに、フィリピン、自由インド仮政府、ラオス、カンボジア、ベトナムを独立承認した。そして戦後は、現地残留日本義勇兵と現地独立軍兵士がインド、インドネシア、ベトナムの旧宗主国に対する、戦中に日本軍によって与えられた独立を維持するための独立維持戦争に勝利し、明朗本然の姿に復した。そして、戦後は日本から膨大な経済技術援助を得て、今や世界経済の中心となっている。大東亜共栄圏が実現したのである。大日本帝国の戦争目的は達成された。

では、米国の戦争目的はどうであろう。米国はフィリピンを失った。それゆえ、ルーズベルトが目差した戦争目的の1項目は喪失した。米国領土の保全はならなかったのである。2

項目についてはどうであろう。大日本帝国からの軍事的脅威は消滅したが、その代償として、極東ロシアからの核ミサイルの驚異に脅えることとなった。さらに満洲と朝鮮を日本から切り離し、共産軍に引き渡した結果、蔣介石軍の台湾逃亡、朝鮮戦争、ベトナム戦争が勃発し、米国は大きな損害を被り、威信を失墜させた。今ではあの北鮮の核ミサイルの驚異にも曝されている。サッカーの試合ではこれをオウンゴールと呼ぶ。間抜けという意味である。

日本軍に進攻された英蘭仏の戦争目的は、当然のことながら植民地の防衛であったから、その目的をことごとく喪失した。それゆえ、英蘭仏は紛れもない敗戦国である。

以上、戦争目的の達成如何を検討すれば、戦争目的を達成したのは大日本帝国であって、米英蘭仏ではない。よって戦勝国は大日本帝国であると決定される。

日本軍はアジアを解放したことにより戦争目的を達成した戦勝国と認定される。この歴史観を著者は戦勝解放史観と名づける。

太平洋戦域はアジア解放のための陽動作戦に過ぎなかった

大東亜戦争においては、日本軍があたかもボロ負けしたかのような印象を受けるのは、戦後米国がそのような印象操作を行ったからである。米国は選挙がある国ゆえ、当時のトルーマン大統領は対日戦に完勝したことにしないと、次の大統領選挙に危うくなる。そのため、トルーマンは日本軍に完全勝利したかのような印象操作を行った。

韓国人はこのような米軍のプロパガンダを見て、日本軍最弱伝説を信じ込み、その特技である掌返しに拍車がかかったものと思われる。表層を見てすべてを判断する韓国人の面目躍如たるものがある。韓国人は太平洋戦域における見かけ上の日本軍敗北が太平洋に米軍を釘づけにするための陽動作戦に成功した結果であることを見破ることができない。

米国は日本側が制定した「大東亜戦争」という呼称の使用を禁じ、「太平洋戦争」と呼ぶように日本の政府とメディアに強要した。もし、大東亜戦争という呼称を使い続ければ、大日本帝国が主張していた通り、かの戦争が植民地解放戦争であったという事実を認めざるを得なくなるからである。かの戦争はあくまでも大日本帝国による侵略戦争であることにしないと、キリスト教白人たちのメンツが立たない。従来の保守論壇において、この呼称変更は白人たちが行ってきた植民地支配を隠蔽するためであったと説明されてきた。しかし、著者は新たな理由を発見した。それは太平洋を主戦場としなくては、米国は戦勝国であると確定できなくなるという事実である。もしも東南アジアが主戦場であったなら、大日本帝国の目論見通り、戦争中にアジアは独立していたわけであるから、米国は主戦場で敗退した実質的な敗戦国に成り下がってしまうのである。それどころか、太平洋戦域は主戦場ではあり得ず、主戦場ではない太平洋で日本軍の陽動囮作戦に引っかかり、自国の植民地フィリピンを独立させられたただの間抜けにされてしまう。

それゆえ、米国はあくまでも太平洋が主戦場であり、東南アジア地域は付け足しであったことにしないと都合が悪かったのである。

太平洋で日本軍は米軍にボロ負けした。しかし、大陸アジアで日本軍は完勝し、米英がボロ負けした。表向き戦勝国となった米英は自分たちを真の戦勝国であるかのように見せかけるため、主戦場は大陸アジアではなく太平洋であったと入れ替えたのである。アングロサクソンのやりそうなことである。

希代の外交官である松岡洋右はその死の床に当たって次のように述べたという。

「自分は外交官であるから、ときには嘘もついた。しかし、どうせ嘘をつくならアングロサクソンのようなでっかい嘘をつくべきだった。これには悔やんでも悔やみきれない」。

著者はかねてから大東亜戦争の開戦目的はアジアの白人植民地の解放であったと主張してきた。実際、アジアにおける米英仏蘭の植民地はすべて開戦中に欧米白人から解放され、六ヶ国が独立を果たし、一ヶ国が独立宣言を行っている。

開戦目的が植民地解放である以上、主戦場は大陸であって太平洋ではない。戦後の日本人戦史研究家はこの点を見落としている。主戦場が大陸アジアであったから帝国陸軍はその主力を太平洋には割かなかったのである。

太平洋の島嶼戦は帝国陸軍にとっては陽動作戦に過ぎなかった。昭和十七年末、南太平洋のガダルカナル島の戦いで米軍は本格的反攻を開始。その後、ニューギニア、ビアク島、ペリリュー島、サイパン島、グアム島、フィリピン、沖縄、硫黄島と、いわゆる「飛び石作戦」が続行された。実のところ、現地では昭和二十年八月の終戦まで、日本兵によるゲリラ戦は続いていた。戦闘は終結などしていなかったのである。

米軍が太平洋で「小さな島」を次々に陥落させたと大喜びしていたとき、大陸では白人植民地が次々に独立を勝ち取っていった。昭和十八年八月にビルマ国が独立し、同年十月にはフィリピン、自由インド仮政府が独立、昭和二十年三月にはラオス、カンボジア、ベトナムが独立、終戦後の八月十七日にはインドネシアが独立宣言を行うというオマケまでついた。

米軍が硫黄島で「勝った勝った」と喜んでいたとき、ベトナムでは帝国陸軍の主導でバオダイ帝を元首とするベトナム帝国の独立が宣言されていた。帝国陸軍は主戦場である東南アジアの独立を確たるものとするため、米軍を誘き寄せるための囮として太平洋の島々を使っていたのである。そうであるなら、太平洋の島々に布陣した陸軍部隊への補給が不十分であった理由も理解できる。米軍に島を占領させ、日本兵にゲリラ戦を命じ、米軍を消耗させることが目的であったからだ。

米軍を上陸させ戦闘を長引かせ、時間稼ぎをする。陽動囮戦では勝利してはならない。勝利してしまうと、敵は矛先を他へ向け主戦場に繰り出してくる可能性があるからである。ルーズベルトもトルーマンも、帝国陸軍の罠にはめられた。もしもルーズベルトが太平洋での飛び石作戦をせず、最初からビルマ、マレー半島に米軍を送っていたら、アジアの独立は難しかったかもしれない。

太平洋の小島を落として「勝った勝った」と喜んでいるうちに、自国領であったフィリピンは独立させられ、盟友チャーチルの大英帝国は崩壊し、仲間だったオランダは「風車とチューリップの国」に転落した。これを「アホ」と言わずして何と形容すればよいのだ。

戦勝解放論に乗っ取れば、新たな歴史風景が見えてくるが、上記に示す太平洋作戦＝陽動囮作戦論もその一つである。

米国が大東亜戦争で獲得したものは太平洋のいくつかの島々と広島長崎で婦女子まで焼き殺したという実績のみである。一方、大日本帝国が世界に与えた成果は、植民地、奴隷制度、人種差別の廃絶と大東亜共栄圏という自由貿易体制の確立であった。

表4は太平洋戦域における日米軍の布陣兵数を示している。帝国陸軍の総兵力は七百万弱であったが南洋諸島には含まれないフィリピンを除く太平洋島嶼部（沖縄、硫黄島含む）への布陣はわずか二十六万人であった。現在の自衛隊の総兵力と同等の戦力しか配置していないのである。総兵力の四パーセントしか配置しなかった戦場が主戦場であるはずはない。どう考えても勝ち戦にしようとする意図が見えない。

見えるとしたら、それは陽動囮戦で米軍を引きつけ消耗戦に持ち込み、大陸アジアには米軍を侵攻させないという意図である。

一方、開戦目的として植民地解放を確約した地域を見ると、最前線のビルマには三十三万

太平洋戦域　日本軍　布陣数		米軍　布陣数	
フィリピンの戦い	529,802		1,250,000
小計	529,802	小計	1,250,000
エニウェトク	2,812		10,367
クエゼリン	8,782		41,446
ガダルカナル島	36,204		60,000
アッツ島	2,650		11,000
タラワ	2,600		35,000
マキン	353		6,470
サイパン	31,629		66,779
テニアン	8,500		54,000
グアム	22,554		55,000
硫黄島	22,786		110,000
沖縄	116,400		548,000
ペリリュー	10,900		47,561
小計	266,170	小計	1,045,623
計	795,972	総計	2,295,623

表4

人、フィリピンには五十三万人、インドネシアには二十九万人、ベトナムには十万人も布陣させている。

やはり、帝国陸軍の意図は大陸アジアの植民地解放であり、太平洋戦域は囮であったと結論づけざるをえない。それが最初から意図されたものなのか、それとも帝国海軍の無様なる負けぶりから結果的にそうなったのかは不明である。しかし、アジアの解放という開戦目的達成の大きな礎となったことは間違いないであろう。

たった二十六万の日本軍を

兵数（人）			構成比（%）	
	陸軍	海軍	陸軍	海軍
千島・樺太	8万8000	3000	3.0	0.8
朝鮮北部	9万4000	8400	3.2	2.2
朝鮮南部	20万0200	3万3300	6.8	8.7
台湾	12万8100	6万2400	4.3	16.3
満州	66万4000	1500	22.4	0.4
中国（含む香港）	105万5700	6万9200	35.6	18.1
ミャンマー（含むインド）	7万0400	1100	2.4	0.3
タイ	10万6000	1500	3.6	0.4
仏領インドシナ	9万0400	7800	3.1	2.0
マレー・シンガポール	8万4800	4万9900	2.9	13.1
インドネシア	23万5800	5万5500	8.0	14.5
フィリピン	9万7300	2万9900	3.3	7.8
太平洋諸島	4万8600	5万8300	1.6	15.3
計	296万3300	38万1800	100.0	100.0

表5

沈黙させ、フィリピンと日本本土である沖縄・硫黄島へ辿り着くのに三年以上もの時間と十万人の戦死者を米軍は浪費した。その間、東南アジア七ヶ国が独立を果たした。見事な陽動戦であった。軍事史に残る快挙である。

表5、表6はアジア各地における日本軍の終戦時の兵数である。

現地の占領当局となった陸軍の兵数で見ると、中国本土が百五万人と最も多く、満洲の六十六万人と合わせると、各地域合計二百九十六万人の五十八パーセントと約六割を占めてい

アジア各地における終戦時日本軍の兵数

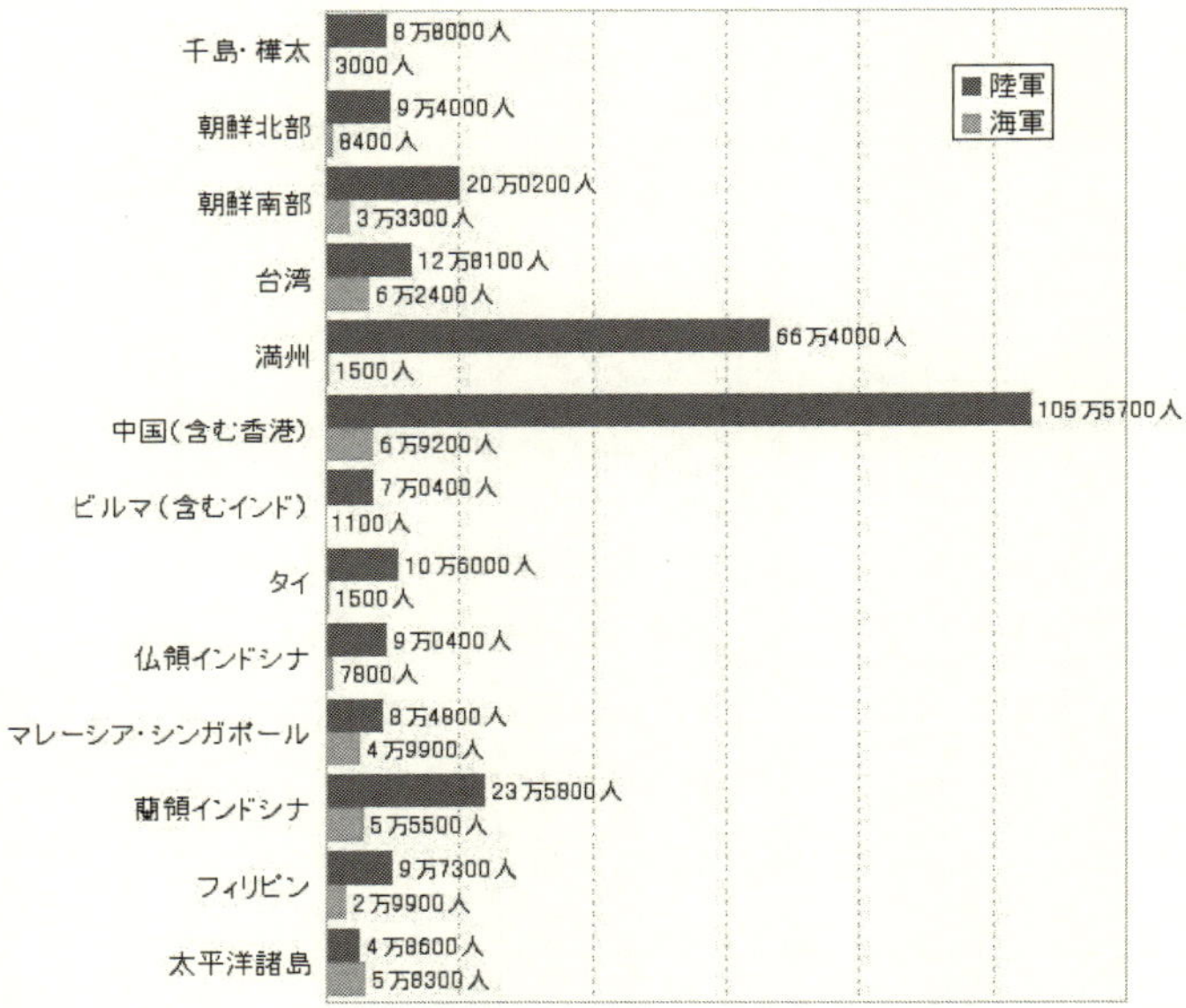

（注）旧厚生省援護局調べ。1945年8月15日時点の兵数
（資料）東京新聞2010.8.8大図解シリーズ「終戦の日を考える」

表6

る。次に多いのは蘭領東インド（おおむね現在のインドネシア）が二十三万人である。朝鮮半島も北部の九万人、南部二十万人を合計すると二十九万人とこれを上回る。この他、多くの地域で、十万人内外の日本軍が進駐していたことがわかる。

　これら日本軍の軍人・軍属と民間人がそれぞれ約三百三十万人、合わせて六百六十万人が終戦後に日本へ引き揚げた。

　以上、著者が発掘した帝国政府声明とその昭和史へ与える影響について紹介した。

帝国政府声明は大日本帝国が侵略国家であるどころか、アジアの植民地を解放した英雄国家であることを明らかとする。また米国が作戦的勝利の拠り所としている太平洋戦域はアジアを解放するための陽動に過ぎなかったと言うことも明らかとなった。

悪党国家は白人帝国主義国家であり、その犬となってアジアの解放を妨害していた支那である。蔣介石はアングロ・サクソン＝米英、毛沢東はソビエト共産党の忠実なる犬として白人の太鼓持ちをしていた。

太平洋での島嶼持久戦は歴史的にも希なる激戦であったゆえ、島々を失った日本は惨めな敗戦国であるという印象を日本人のみならず韓国人にも与えた。韓国人にとって日本は指導されるべき教師ではなくて、蹴落とすべき対象となったのである。その根拠は白人様が与えてくれた。

日本が侵略国家からアジア解放国家にその評価を転換されると韓国の立場はどうなるのであろうか。結論を言えば、日本をたえず「戦犯国家」であると罵る韓国のその根拠を失わせる。

韓国人は当時大日本帝国の一員として、ともに白人帝国主義と戦っていた。昭和十九年以降、韓国人も日本軍に志願することが許され、その一部は日本兵と共に前線に赴いたことも間違いない。それゆえ、韓国兵は日本兵と同じくアジア解放者としての栄誉ある地位を認められるべきであるが、あまりにも士気が低く弱兵であったゆえ、後方勤務でしか使えなかったというのが実態である。突撃を命じられると「アイゴー、アイゴー」と泣き喚き、後ろに突撃していったそうである。韓国兵は雄ではあっても、やはり〝アンコウのオス〟であったということである。

韓国人は〝実質的勝者〟である大日本帝国が〝実質的敗者〟である白人列強によって〝いわゆる敗戦国〟として糊塗されると、掌を返したように白人側へ寝返り、自分たちも戦勝国であるなどと錯乱した。唐辛子の力は恐ろしい。

終戦直後のベトナムとインドネシアでは、日本軍が戦争中に育成した現地独立軍と残留日本兵が旧宗主国軍と戦っている最中であった。戦争中に大日本帝国から与えられた独立を維持するためベトナムではフランス軍と、インドネシアではオランダ、イギリス軍との戦いが開始されていた。インドではインパール作戦（インドでは第二次インド独立戦争と呼ばれている）に続けとばかりに、独立を目指した民衆による大暴動が発生していた。

アジアの植民地解放を目指す大アジア解放戦争は明治維新以来の大日本帝国担当期間から終戦を境にアジア現地独立軍担当期間へと移行した。そしてこの戦いは昭和五十年四月三十日のベトナム戦争終結まで継続された。

二度にわたる韓国人の裏切り

韓国人は二度にわたってアジアを裏切った。一度目は終戦直後の掌返しであり。二度目はベトナム戦争参戦である。

昭和四十年、当時の朴正熙政権は突然ベトナム戦争に派兵すると言い出した。目的は米軍から韓国兵に支払われるドル建て給与であった。朴正熙は外貨不足に悩んでいた。それゆえ、西ドイツにも炭鉱夫を送ったわけであるが、今度はベトナム戦争でドルを稼ごうと考えていた。

著者がまだ中学生の頃であった。新聞紙面では連日ベトナム戦争の詳報が伝えられていた。南ベトナムのどの地区で戦闘が行われ、米軍はベトコン兵を何人殺害し、米軍の被害は何人であったと伝えていた。なぜかベトコンの死者数は米軍のそれとは桁数が違っていた。それゆえ、子供心にも米軍が圧倒的に優勢でベトナム戦争はまもなく収束するのだろうと考えていた。

韓国軍についても報道されていた。それによると、ベトナムに派遣された部隊は韓国軍の中でも勇猛果敢で鳴る最精鋭部隊であり、猛虎師団、青龍旅団、白馬師団などという勇ましい名の部隊名が紹介されていた。そして、現地では米軍が恐れて入っていかないジャングルにも韓国軍は進軍し、多くの犠牲を出しながら奮戦していると報じられていた。

その十年後の昭和五十年四月三十日、米国がテコ入れし、十数年にわたって南ベトナム解放民族戦線（ベトコン）と戦ってきた南ベトナム政府と軍は崩壊し、米国は歴史上初めて対外戦争に敗北した。

その三十年前の昭和二十年三月、終戦の五ヶ月前、大日本帝国は旧宗主国であるフランスからベトナム帝国を独立させ国家承認を与えた。ベトナム戦争を源流まで遡れば、大日本帝国陸軍が仏印にて発動した明号作戦にまで遡る。帝国陸軍はこの作戦によって、インドシナ駐留フランス軍を武装解除し、ベトナム人をフランス植民地から解放した。ベトナム、カンボジア、ラオスのいわゆるインドシナ三国はまだ開戦中の昭和二十年三月に日本軍により独立と国家承認が与えれていたのである。これら三国のうち、最も資源人口に富むベトナムに対して旧宗主国であるフランスは再度の植民地化を企み、舞い戻ってきた。そこに第一次インドシナ戦争が勃発する。フランスにとっては、日本軍によって奪われた植民地を回復するための戦闘であり、ベトナム帝国にとっては日本軍によって与えられた独立を維持するための独立維持戦争であった。

ベトナムの独立は日本軍によるものであったし、その日本軍には韓国人もごく少数ではあるが含まれていた。しかし、だからといって韓国人がアジアの独立に貢献があったという論理は成り立たない。終戦直後に白人侵略国家へ寝返り、さらにその二十年後には第二次インドシナ戦争＝ベトナム戦争に参戦し、ベトナムの南北統一と完全独立を阻止しようとしたのである。しかも、単なる参戦ならベトナム戦争に参加したオーストラリア、フィリピン、タイ、ニュージーランド、クメール共和国、ラオス王国と同等の単なる参戦国で終わったはずであるが、韓国軍はベトナム民間人に対する虐殺行為を繰り返し、婦女子への強姦により「ライダンハン」と呼ばれる多数の混血児を残しベトナムを去った。このような行状から韓国人はまさにアジアの裏切り者として位置づけられるのである。

戦勝解放論から韓国を見るなら、アジア解放独立への裏切り者としての側面しか見いだせない。大日本帝国はアジア解放の殉教者であり英雄であるが、韓国はアジア解放への裏切者である。それゆえ、アジアへ謝罪すべきは日本ではなく韓国となり、日本人に濡れ衣を着せ謝罪要求を繰り返してきた韓国人こそ日本に謝罪し賠償しなくてはならない。

参考：ライダイハン（ウィキペディアより）

ライダイハン（ベトナム語：Lai Đại Hàn、𤳆大韓）とは、大韓民国（以下、韓国）がベトナム戦争に派兵した韓国人兵士と現地ベトナム人女性の間に生まれた子供、あるいはパリ協定による韓国軍の撤退と、その後のベトナム共和国（南ベトナム）政府の崩壊により取り残された子供のことである。京郷新聞によれば、ベトナム戦争が終わって残された子供は少なくとも3000人以上、2、3万人との推算もある。ベトナム人女性が韓国兵や会社員などと結婚し生まれた子どももいるとされるが、韓国兵による強姦によって生まれた子どもも多数存在し、国際問題となっている。

ライはベトナム語で「混血」を意味し、ダイハンは「大韓」のベトナム語読みであるが、「ライダイハン」という語そのものがベトナムの公式文書に現れる例は少ない。韓国では、ベトナム語からの借用語として取り入れられ、「ライタイハン」のように発音される。

参考：韓国軍によるベトナム市民虐殺（ウィキペディアより）

フォンニィ・フォンニャットの虐殺（フォンニィ・フォンニャット良民虐殺事件、Phong Nhi and Phong Nhat Massacre）は、ベトナム戦争中に韓国軍が起こした一連の虐殺事件の一つ。１９６８年2月12日に、南ベトナムクアンナム省フォンニィ・フォンニャット村で、大韓民国海兵隊第2海兵師団（青龍師団）によって、非武装の民間人69─79人が虐殺された。２０１3年現在、大韓民国国防部は、韓国軍によるベトナム人虐殺・女性凌辱を否定する見解を示している

1968年2月12日クアンナム省フォンニ村での虐殺事件（Inspector General, Military Assistance Command Vietnam [1971] より）

韓国軍に至近距離から撃たれ前頭部を吹き飛ばされた２名の妊婦（J・ボーンアメリカ海兵隊伍長撮影）

アメリカ軍の手当を受ける負傷した少女（J・ボーン米海兵伍長撮影）

韓国軍に殺害された子供（J・ボーン米海兵伍長撮影撮影）

韓国軍に両胸をえぐり取られた上に銃撃を加えられて瀕死の21歳の女。写真撮影後に病院に徹送され、「お母さん、お母さん…」と母を呼びながら妹達の前で絶命した（J・ボーン米海兵伍長撮影）

韓国軍に焼かれた住民（J・ボーン米海兵伍長撮影）

第十二章　朝鮮半島を国連信託統治とせよ

韓国の特徴

本章では前章までに分析した韓国という国家の素性、歴史を鑑みて今後どのようにして我が国は韓国を取り扱うべきかについて論ずる。

大韓民国という国について、その前章までに紹介した韓国人と韓国という国家の性状を箇条書きに列挙してみる。そうすることによって、我々日本人が今後どのように韓国に対処すべきなのか、その答えが見えてくるはずである。

前章までに紹介した韓国人と韓国の特徴は以下の通り。

1 歴史を記録した古文献が無いため、歴史を時々の政情に合わせて勝手に捏造する。
2 捏造した歴史を他国に押しつける。
3 押しつけられた捏造歴史観を拒否すると外交的嫌がらせを行う。
4 恩を仇で返す。
5 請われて援助すると、援助されたことを逆恨みする。
6 国家そのものが慰安婦・妾根性である。
7 条約を遵守しない。
8 国家には品格が必要であるという要件を理解していない。

9 相手国の弱点を見いだし、それにつけ込むことが外交であると勘違いしている。
10 時にはその弱点を得意の歴史捏造で捏ち上げる。
11 相手が日本人のように報復しない国民性だと判断すると対日劣等感解消のために世界規模で中傷誹謗を繰り返す。
12 賄賂を用いて国会議員とマスコミに取り入り、日本人の反韓国感情の動きを封じ込めようとする。

次に戦後独立して以降、韓国が日本に対して行ってきた非道について列挙してみる。

1 終戦直後の混乱期朝鮮半島を経由して満洲・北鮮・韓国から本国へ引き揚げようとした日本人を殺害した。行方不明、未帰還者は十万人以上に上ると言われている。
2 昭和四十年締結の日韓条約によって明治四十三年の日韓併合以来の懸案についてすべて決着したにもかかわらず、執拗に日本に対して要求を繰り返し、問題を蒸し返してきた。
3 日韓条約に基づいて支払われた援助金から個人賠償分を韓国政府がネコババして、韓国人の慰労分を支払わなかった。それが現在の慰安婦問題の遠因となった。
4 韓国は平成三年日本の協力があって初めて国連に加入することができた。にもかかわらず、韓国はそれに感謝するどころか、日本の安保理常任理事国就任に執拗に反対し妨害行為を繰り返している。

5 日本人の発明による特許など知的財産権を勝手に盗用し不当な利益を貪り、違法を指摘されると開き直り賠償しようとしない。

6 日本のオリジナル文化を「その起源は韓国にあった」などというデマを世界に飛ばし日本を文化盗用犯であるかのように中傷している。

7 日本の農業畜産の知的所有権（和牛、イチゴその他農産物）を勝手に盗用し世界中に販売し不当な利益を得ている。

8 島根県の一部である竹島を不当に占拠し続けている。

9 慰安婦強制連行を捏造し、慰安婦像を各国に設置し、日本人を誹謗中傷、攻撃している。

10 犯罪発生率の高い韓国人不法入国者（在日韓国人）を放置し、引き取りを拒否している。

11 韓国人不法入国者の半数以上が不法に生活保護を受給し日本人の受給機会を圧迫している。

著者が思いつく範囲で列挙してみたが、他にも韓国人による非道は顕在化していないものも多々あるものと考えている。

さらに北鮮による我が国への被害は、
1　日本人拉致
2　核ミサイルによる威嚇
などが挙げられる。

参考：竹島問題（ウィキペディアより）

竹島（たけしま）は、日本海の南西部に位置する島嶼群で、急峻な地形をなす2つの島と周辺の岩礁からなる。1952年以降、韓国が占領（実効支配）を継続しており、日本および北朝鮮がそれぞれ領有権を主張している。「竹島」は日本における呼称で、韓国・北朝鮮では「独島」、第三国では中立的立場から「リアンクール岩礁（Liancourt Rocks）」等と呼ばれている。

本来は人の住みにくい環境であることから無人島であったが、韓国が武力行使によって占拠し、武装警察官を多数常駐させて実効支配を続けている。日本はこれに対し「不法占拠」であるとして抗議を続けている。しかし韓国側は、独島（竹島の韓国名）は歴史的・地理的・国際法的に韓国の固有領土であると主張し、独島問題に領土問題は存在しないという立場を取っている。

上記に列挙した通り、韓国という国家の存在は我が国にとって得になる側面は何一つ存在しない。今後、我が国はこの韓国朝鮮という疫病神とどのように付き合っていくべきかという命題を考えるとき、自ずから導かれる答えは国交の断絶でしかあり得ない。百三十年前に福沢先生が喝破した通りの結論にしかならないのである。

日韓条約には廃棄事項が存在しないという。それなら、昭和四十年の締結時に遡って条約の遵守具合を検証する委員会を立ち上げ、条約の改定を検討し、結論が出るまで条約を停止し、事実上の国交断絶へと追い込むべきである。日韓条約については韓国側にも破棄したがる動きがあるそうであるから、それが事実であるなら渡りに船ではないだろうか。

韓国の電子産業も自動車産業も日本からの精密部品、工作機械を輸入することにより成り立っている。それゆえ、国交の断絶による対韓国輸出停止は強力なる韓国への報復措置となる。

さらに国交を断絶してそれですむのかというと、そうはいかない。日本人の中には戦後韓国人から受けた屈辱、暴虐に対する復讐心を持つ者は少なくない。また、存在せしめておけば我が国に対して再び牙を向けることは間違いないであろう。なぜなら「被害を受けた側は千年その恨みを忘れない」と国家元首たる韓国大統領が公式の場で発言する〝国情〟であるからだ。千年間恨みを忘れないというなら、我が国こそ〝元寇〟の恨みを忘れることはできないであろう。七百四十四年前の事件であったから、日本人はあと二百五十六年間モンゴルと韓国を恨み続けなくてはならない。

あと千年も我が国を恨み続けるなどと元首が言っている国家を存続させてはならない。危なくって仕方がないではないか。ここに韓国に対するもう一つの選択肢が生まれる。それが国家抹消である。

国連信託統治領とせよ

日本がこの百年間で学習したことは韓国朝鮮民族が形成する国家と付き合って碌《ろく》なことはないという現実である。

前述した通り、朝鮮人は周辺大国の妾―慰安婦として渡り歩くことにより国の命脈を保ってきた。そこには独自の国家観などあり得ず、ただその時代を生き延びるために事大（秋波、粉掛け、色目遣い、流し目ともいう）という妾―慰安婦道というコバンザメ稼業を繰り返してきた。日本、支那、ロシア、米国という近隣の四人の旦那を取っ替え引っ替え手玉にとり、コバンザメ稼業を繰り返してきたのである。このコバンザメが宿主を交換するたびに東アジアは不安定となり混乱する。この混乱は周辺四ヶ国だけでなく韓国朝鮮の住民たちにも重くのしかかる。すくなくとも、日本統治時代に大虐殺事件など一件もなかったが、戦後になるとたびたび虐殺事件を起こしている。日本統治時代にはあり得なかった大虐殺事件がなぜ独立後は頻発するのであろうか。その原因は韓国朝鮮人には統治能力を有する人材が枯渇していることに起因する。千年以上にわたる中原王朝による属国体制の中で、独自性と主体性を持つ人物は徹底的に排除され、すでに韓国朝鮮人の遺伝子の中には統治能力は残っていないと考えるべきなのだ。

国民の間に優秀な才能の欠如が見られるのは朝鮮半島だけではない。旧共産圏では教師、経営者、科学者、作家、法律家などの知的職業に就く国民の多くが政治犯、反革命分子として投獄され粛正されていった。その結果、共産主義体制が崩壊した後も知識層の欠如に悩むことになる。

ソ連崩壊後、ロシア連邦は地下資源に恵まれているにもかかわらず、経済は低迷している。商業資本が育たないのである。その理由は簡単で、共産党政権下で資本主義に長けた人士がすべて殺害されたため、資本主義体制に戻ったとき、経営に長けた遺伝子そのものが消滅していたからである。残っているのはプロレタリアートという名のウォッカ飲みばかりである。支那に関して言えば、一九六六年から一九七六年まで続いた文化大革命により資本家階級だけでなく芸術、科学技術に秀でた人物が根絶やしにされた。そのため、経済を資本主義化した今日でも独自の科学技術は育たず、欧米と日本からの著作権のパクりばかりが横行する国家になっている。

朝鮮半島は一千年以上にわたる属国体制の中で、志を持つ有能なる人士とその遺伝子は絶滅させられたと考えるべきである。宗主国である中原王朝から見れば、属国である朝鮮半島に有能なる独自性を主張する人士は必要ない。李王朝にとっても内部に自己主張する人士がいては宗主国の逆鱗に触れる恐れがある故、主義主張を持つ人士を淘汰してきた。もし、自己主張が強く闘争心に満ちた朝鮮韓国人がいるとすれば、それは国内ではなく国外であろう。有能なる朝鮮民族は海外へ逃亡してしまったということである。

このような属国体制に対応する人材しか存在せず、独立国家として自主的な国家運営を行う能力に欠けた民族が選ぶべき道は国家管理の放棄である。自己管理能力が皆無な民族に国家を所有させれば、結局周辺国家に迷惑を与えることになる。北鮮による核の脅しはその典型例である。一国の国家元首が近隣国に核ミサイルを打ち込んでやると声を大にして恫喝している。異様である。南半分は世界中に慰安婦像を建てて、日本人に対する人種差別を国家ぐるみで行っている。異様である。また、頻発する虐殺事件に見られるように韓国朝鮮人にとっても不幸と言わざるを得ない。

民族自決という概念は一つの民族は一つの国家を持つ権利があるとするものであるが、はたしてこの原則は近隣諸国に対し迷惑かけ続ける国家に対しても適用されるのであろうか。迷惑を受けた国にはその国を滅ぼす権利が生ずるわけであるから、国際法を遵守せず隣国を脅迫し続ける国家に生存を保証するなどと言うことは国際法的にもあり得ないであろう。

参考：文化大革命（ウィキペディアより）

文化大革命（ぶんかだいかくめい）は、中華人民共和国で1966年から1976年まで続き、

１９７７年に終結宣言がなされた社会的騒乱である。全称はプロレタリア文化大革命または無産階級文化大革命。

名目は「封建的文化、資本主義文化を批判し、新しく社会主義文化を創生しよう」という政治・社会・思想・文化の改革運動だった。しかし実際は、大躍進政策の失敗によって国家主席の地位を劉少奇党副主席に譲った毛沢東共産党主席が自身の復権を画策し、紅衛兵と呼ばれた学生運動を扇動して政敵を攻撃させ、失脚に追い込むための、中国共産党の権力闘争であった。


韓国という戦後棚ぼたで間違って出来上がってしまった国家を如何にして、元の状態、すなわち存在しない国家という状況に戻すのかについて提案する。

一番手っ取り早いのが、米国を施政権者とする国連信託統治領とすることである。現状でも国連軍が韓国には駐留している。また、終戦後連合国である米英支ソは当面朝鮮半島を国連信託統治領として統治することに決めていた。それゆえ、北鮮と韓国を信託統治に置くということは終戦直後に戻すということであり、〝連合国〟も同意できることであると考える。同意しなければ、彼らの当時の判断は間違っていたということになる。〝連合国〟がいくら馬鹿でもそれはないであろう。

信託統治をそのまま続けていれば、核ミサイルで周辺国を威嚇する北鮮も、千年恨んでやると日本を恨み続け、取りあえず慰安婦問題で脅してやるなどという不届き千万なる韓国は存在しなかったということである。

核の威圧により米国と近隣諸国を脅し続ける北鮮は、米軍による無力化攻撃のあとロシアを施政権者とする国連信託統治領として分割すべきである。これによりアホな朝鮮人が国家を運営し近隣諸国に迷惑掛けるという図式から逃れることができる。

北鮮をロシアへ併合するに当たって、日本政府は千島列島と南樺太の日本返還を条件とすべきである。

日本はポツダム宣言を受諾したことにより半島を手放し、米国とソ連に引き渡した。それの意味するところは、米ソが責任を持って半島を経営していくという期待があったからだ。しかし、現実は五年後に朝鮮戦争が勃発、大量の不法入国者が日本に侵入してきた。一九七〇年代に入ると、北鮮は日本人拉致を開始した。米ソが朝鮮半島を計画通り信託統治とせず、中途半端に独立を与えた結果、隣国の日本は大きな被害を被ってきたのである。

「朝鮮半島の独立を取り消せ」と米ソに要求すべきである。

米露が韓国北鮮の独立を取り消し、両国の信託統治領として責任を持って米露の治世下に置かないのであれば、日本は日米安保を破棄し、朝鮮半島の〝南北ならず者国家〟から自らを守るために、独自の核武装と軍備増強を行うと米露に通告してもよいと著者は考える。米露による南北朝鮮に対する独立付与こそ、現在の朝鮮半島の凶暴化と不安定化を招いたのである。狂人に刃物ならぬ狂人に独立とは南北朝鮮のことである。

参考：信託統治（ウィキペディアより）

信託統治（しんたくとうち、英語：United Nations Trust Territories）は、国際連合の信託を受けた国が、国際連合総会および、信託統治理事会による監督により、一定の非独立地域を統治する制度である。国連憲章第75条に規定された制度である。国際連盟における委任統治制度を発展させて継承したもの。

国際連合の信託を受けて統治を行う国は施政権者という。施政権者は、1か国の場合が多いが2か国以上の共同でもよい。また、国際連合自身が施政権者となることも認められている。しかし、まだ実例はない。

下記に戦後韓国で発生した虐殺事件を列挙する。共産ファシズムに支配される北鮮では、韓国以上の大虐殺が他の共産国と同じように多発しているであろうことは想像に難くない。なぜ自国民同士で殺し合う虐殺事件が七件も発生するのであろうか。日本人にはまったく理解できない現象であるし、日本統治時代にはあり得なかった事件である。日本時代にはなくて、独立後に多発したということは、行政と治安状態が日本時代よりも劣悪であるという証左であろう。

朝鮮民族に自国管理能力がないから、国民が不幸な事件に巻き込まれる。韓国朝鮮住民の平和な暮らしを保証するためにも、国家統治能力に欠ける韓国朝鮮人に国家の運営を任してはいけない。

参考：戦後の朝鮮半島における虐殺事件

保導連盟事件（ウィキペディアより）

保導連盟事件（ほどうれんめいじけん）とは、朝鮮戦争の最中である1950年6月25日、韓国国軍、韓国警察、李承晩大統領支持者らが共産主義からの転向者やその家族を再教育するためとして設立されていた統制組織である「国民保導連盟」の加盟者や収監中の政治犯や民間人などを大量虐殺した事件。被害者は公式に確認されているもので4934人、20万人から120万人とする主張もある。1960年の四月革命直後に、この事件の遺族会である全国血虐殺者遺族会が遺族の申告をもとに報告書を作成したが、その報告書は虐殺された人数を114万人としている。

韓国では近年まで事件に触れることがタブー視され、「虐殺は共産主義者によっておこなわれた」と言われてきたが、1990年代末に、全国各地で被害者の遺体が発掘され、実際にあった事件であることが確認された。2009年11月、真実和解のための過去史整理委員会を通じて、韓国政府は、国家機関によって民間人が犠牲になったことを確認したと発表した。この事件や済州島四・三事件以降に日本に密入国した者が在日朝鮮・韓国人の先祖の多数派を占めている。

老斤里事件（ウィキペディアより）

老斤里事件（ノグンニじけん）は朝鮮戦争中の1950年7月に起きたアメリカ軍による韓国民間人の虐殺事件。第25師団長ウィリアム・B・キーン少将による7月26日の「戦闘地域を移動するすべての民間人を敵とみなし発砲せよ」という命令に基づき行われた。

なお、同戦争中に行なわれた米韓連合軍の民間人虐殺はこれ一件に留まるものではなく、収監されていた1000人以上の政治犯も軍命で処刑（＝殺害）されていた事が、後に文書調査で判明している。

斗満虐殺事件（ウィキペディアより）

斗満虐殺事件（トゥマンぎゃくさつじけん、英:The Chaplain-Medic massacre、直訳:チャプレン（従軍聖職者）と衛生兵の虐殺）は朝鮮戦争中の大田の戦いにおいて1950年7月16日に行われた戦争犯罪である。現大韓民国世宗特別自治市錦南面斗満里の北にある山で、重傷を負った非武装のアメリカ陸軍兵士30名と同じく非武装のチャプレン1名が北朝鮮軍の部隊によって殺害された。

大田の戦いの錦江付近での軍事行動中に、アメリカ陸軍の第24師団第19歩兵連隊（英語版）の部隊がバリケードによって補給線を断たれた。このバリケードは北朝鮮軍の第3歩兵師団（英語版）が設置したものだった。バリケードを破壊するのは困難だと分かり、部隊は負傷兵を撤退させるため近くの山間部を移動させるしかなかった。

疲労のため負傷兵の搬送が困難となり、重傷を負った米軍兵30名は山頂に取り残された。2名の非戦闘員、チャプレンと衛生兵各1名も負傷兵と共に山頂に残っていた。この負傷兵の部隊は北朝鮮軍の斥候に発見され、衛生兵は逃走に成功したものの残りの31名全員が銃殺された。非武装のチャプレンは負傷兵らのために祈っているところを射殺され、その後残りの負傷兵30名も殺害された。同年7月、この虐殺などいくつかの事件を理由に、アメリカ軍の指揮官らは朝鮮戦争中の戦争犯罪を調査するための委員会を設立した。同月、北朝鮮の指揮官らは自軍の兵士による捕虜の取り扱い方を懸念して、より厳格な敵捕虜の取り扱いに関するガイドラインを策定した。北朝鮮におけるこの事件の史料はこれ以外ほとんど知られていない。そのため、この記事の執筆に用いた参考文献のほとんどはアメリカ合衆国の文献であり、残りも国連軍側で参戦した国の文献である。

信川虐殺事件（ウィキペディアより）

信川虐殺事件（シンチョンぎゃくさつじけん）は、朝鮮戦争さなかの１９５０年、朝鮮民主主義人民共和国（北朝鮮）黄海南道信川郡において、国連軍（朝鮮半島）占領下で住民の4分の1にあたる3万５３８３人が虐殺されたとされる事件である。加害者が誰なのかについて、異なる見解がある。

済州島四・三事件（ウィキペディアより）

済州島四・三事件（チェジュドよんさんじけん）は、1948年4月3日に在朝鮮アメリカ陸軍司令部軍政庁支配下にある南朝鮮の済州島で起こった島民の蜂起にともない、南朝鮮国防警備隊、韓国軍、韓国警察、朝鮮半島の李承晩支持者などが1954年9月21日までの期間に引き起こした一連の島民虐殺事件を指す。

南朝鮮当局側は事件に南朝鮮労働党が関与しているとして、政府軍・警察による大粛清をおこない、島民の5人に1人にあたる6万人が虐殺された。また、済州島の村々の70％が焼き尽くされた。

居昌事件（ウィキペディアより）

居昌事件（コチャンじけん）は、朝鮮戦争中の1951年2月9日から2月11日にかけて大韓民国慶尚南道居昌郡にある智異山で韓国軍が共産主義パルチザンを殲滅するための堅壁清野作戦として、民間人719人を虐殺した事件。居昌良民虐殺事件とも呼ばれている。また2月7日に慶尚南道山清郡、咸陽郡で引き起こされた山清・咸陽虐殺事件とひと括りにして、居昌・山清・咸陽虐殺事件としても知られている。

五一八光州民主化運動（ウィキペディアより）

五一八光州民主化運動（こうしゅうじけん）は、1980年5月18日から27日にかけて大韓民国（韓国）の全羅南道の道庁所在地であった光州市を中心として起きた民衆の蜂起。5月17日の全斗煥らのクーデターと金大中らの逮捕を契機に、5月18日にクーデタに抗議する学生デモが起きたが、戒厳軍の暴行が激しかったことに怒った市民も参加した。デモ参加者は約20万人にまで増え、木浦をはじめ全羅南道一帯に拡がり、市民軍は武器庫を襲うと銃撃戦の末に全羅南道道庁を占領したが5月27日に大韓民国政府によって鎮圧された。

第十三章 日本人を〝敗戦白丁〟扱いする韓国人

朝鮮の身分制度

韓国朝鮮人は近代化してもらったことを逆恨みする。地球上に自ら近代化と人種存続を頼んできて、それに応えてあげると「頼んでいないのに勝手に近代化しやがった」と後で因縁をつけ、謝罪と賠償を要求してくるのは、朝鮮人をおいて他には存在しない。最先進国である欧米白人だって施しを受ければ感謝することを忘れない。韓国人は対日本に関することのみ欧米白人以上に高飛車なのである。

日本人は地球上には善意が通じる国家とそうでない韓国のような国家が存在することを認識しなくてはいけない。善意が通じない国家にはどう対応すればよいのであろうか。答えは簡単である。二度と善意を施さないだけでなく、報復することである。三等民族は痛い目に遭わせないと学習しないからである。

大東亜戦争の開戦は米英からの陰湿かつ執拗なる嫌がらせに対して、日本人が堪忍袋の緒を切らせたことが原因であった。韓国による嫌がらせに対しても同様な行動を取るぞというメッセージを送らなくてはならない。

「言わなくてもそのうちわかってくれる」などという幻想は韓国人には通用しない。言わないでいれば、ますますつけ上がり足下を見て、さらにつけ込んでくる連中である。日本人は七十年以上にわたって韓国人から日本人に加えられる横暴に忍耐してきた。はたしてこれ以上忍耐する義理と義務が一体どこにあるというのだろうか。

韓国人のやっていることは、日本人を虐待しながら日本人から富を毟り取っているのである。人を虐待しながら、その人から富を搾取することを表す的確な表現が存在する。その言葉とは日本人自身が大東亜戦争を発動したことにより死語とした言葉である。

〝奴隷〟という言葉がある。

韓国人が日本人に対して行ってきた、虐待しながら富を搾取するという行いを奴隷制という。韓国人は戦後七十年以上にわたって「敗戦戦犯国家」としての汚名を日本人に着せ、世界で日本人を蔑み奴隷扱いしてきたのである。戦犯国家であるから金を貢いで当たり前だと彼らは考えているのである。

日本人は白人たちによる奴隷制度と植民地主義を三百万人もの人身御供を提供して人類史から放逐した。それなのに、自分たちが韓国人によって〝戦犯奴隷〟として扱われているのである。

李氏朝鮮の頃、韓国人は上の順から国王、両班、中人、常人、賤民（＝賤人）の身分に区分けされていた。賤民の中でも最下位に位置づけられていた身分を白丁という。イギリスの旅行作家であったイザベラ・バード女史は、「朝鮮には二つの階級しか存在しない。盗む側（王族・両班）と、盗まれる側（平民・奴隷）だ」と記している。本書では盗まれる側の中人、常人、賤民をまとめて〝白丁〟と呼ぶことにする。

盗む側も盗まれる側も世襲であるから、搾取する側と搾取される側の関係は永代にわたって子々孫々まで続くことになる。一度でも王族、両班の身分につけば子々孫々勝ち組となり、一度でも中人以下の身分に身を落とせば、子々孫々負け組となり、支配層（王族、両班）に金品・労力・生命を収奪されることになる。朝鮮では支配層に身を置くか被搾取側に身を置くか、常にせめぎ合いを行っている社会だったのである。

イザベラ・バード女史によれば、朝鮮半島におけるこの身分制において不思議なのは、被支配層に支配層への反発意識を感じることがないという事実である。奴隷身分に貶められている被支配層は極めて従順であり、奴隷としての自らの立ち位置を逍遥と受け入れているように見受けられたそうである。欧米では被搾取民が蜂起して封建王制を倒し、民主主義革命を成し遂げたが、そのような動きはまったく見て取れなかったというのである。朝鮮半島ではこの固定化された身分制度が七百年にわたる李氏朝鮮の支配の間一貫して継続され、それが世を平安ならしめる秩序として君臨してきた。

韓国が日本に度重なる謝罪を要求する理由

韓国人による日本への度重なる謝罪要求を日本人は理解することができない。日本では謝罪は一度で十分であり、繰り返し要求することはない。

では、なぜ韓国人は日本に繰り返し謝罪を要求してくるのであろうか。答えは簡単である。韓国人は我々日本人に対して彼らの「白丁」になることを要求しているのである。韓国人が両班であり、日本人がそれに仕える白丁であると仮定すれば、何かにつけケチをつけ、賠償を要求し、何度謝罪しても容赦しない彼らの態度を理解することができる。

李氏朝鮮において白丁は人間として扱われることはなかった。もし両班が腹いせに白丁を惨殺しても、罪に問われることはなかった。もちろん、白丁身分の婦女など強姦しようが、誘拐して奴隷にしようが、家族皆殺しにしようが無罪放免だったのである。それゆえ、終戦の引き揚げ時、朝鮮人に殺された十数万の日本人はその時点で白丁以下に扱われていたと推測できる。さらに、殺した側の韓国人が何の罪悪感も持っていなかったことが見て取れる。彼らは引き揚げ日本人に対し両班気取りだったのである。殺しても罪に問われないので、白丁相手に強請《ゆすりたか》集りを何度繰り返しても、ゴールポストを何度動かしても、約束を反故にしても、罪に問われることはない。

上記の説明で韓国人がなぜ何度謝罪しても同じ謝罪要求を繰り返す理由、ゴールポストを勝手に動かすのか、その理由を知ることができる。両班が白丁に対して行ってきた虐待と収奪の方法をそのまま日本人に対して行っているのである。そして、その片棒を担いで賄賂を受け取っていると思われるのが日韓議員連盟の議員たちである。

韓国人は自分が両班の地位に就くか、白丁の身分に身を落とすか、そのいずれかの選択しかない状況で七百年間にわたる李氏朝鮮の時代を暮らしてきた。それゆえ、その発想思考、すなわち相手の弱点を突いてその人物を白丁の位に貶め、それにより自分が両班の位に就くという生存競争を生き抜いてきたのである。その習性と習慣を糺すには日本統治時代の三十六年間では短すぎたということである。

いわゆる〝日本の敗戦〟と〝東京裁判による戦犯こじつけ〟を見て韓国人は「これで日本人を白丁の身分に貶めることができる」と踏んだのである。白丁が両班に対してひれ伏し、貢ぐのは当然のことであるからして、日韓条約による日本からの援助の獲得は当然の権利であり、それどころか〝敗戦白丁〟たる日本人にその義務を果たさせてあげたのである。感謝すべきは日本の方であるという論理が成り立ってしまう。そして、その援助にもかかわらず、さらに貢ぐのも〝敗戦白丁〟に課せられた当然の義務であると彼らは考えるのである。

韓国朝鮮人は日本人を〝敗戦白丁〟扱いしていると考えれば、彼らの言動のすべて説明できる。日本人は〝敗戦白丁〟であるからして、拉致誘拐されても文句は言えない。竹島という領土を掠め取られても文句は言えないと考えているのである。

参考：イザベラ・ルーシー・バード（ウィキペディアより）

イザベラ・ルーシー・バード（Isabella Lucy Bird, １８３１年（天保2年）10月15日―１９０４年

（明治37年10月7日）は、19世紀の大英帝国の旅行家、探検家、紀行作家、写真家、ナチュラリスト。ファニー・ジェーン・バトラー（英語版）と共同で、インドのジャンムー・カシミール州シュリーナガルにジョン・ビショップ記念病院を設立した。バードは女性として最初に英国地理学会特別会員に選出された。1881年（明治14年）に妹の侍医であったジョン・ビショップと結婚し、イザベラ・バード・ビショップ（Isabella Bird Bishop）、ビショップ夫人とも称された。

参考：李氏朝鮮における白丁と賤民（ウィキペディアより）

高麗時代までの朝鮮では、白丁は中国、日本と同じく無位無冠の良民を指す言葉であった。李氏朝鮮の時代に身分制度がさらに複雑化し、国王、両班、中人、常人、賤民（＝賤人）に大別され、白丁は賤民の中の最下位に位置づけられた。白丁は（ペクチョン／ペッチョン）と呼び、七般公賤（官奴婢、妓生、官女、吏族、駅卒、獄卒、犯罪逃亡者）、八般私賤（巫女、革履物の職人、使令：宮中音楽の演奏家、僧侶、才人：芸人、社堂：旅をしながら歌や踊りで生計をたてるグループ『男寺党』、挙史：女連れで歌・踊り・芸をする人、白丁）と言われた賤民（非自由民）のなかで最下位に位置する被差別民を指す言葉になった。

1423年、屠畜業者などに対する差別を緩和するために彼らを白丁と呼ぶようにした。だが良民は彼らを「新白丁」と呼びながら相変らず差別し続け、徐々に「白丁」は賤民のみを指す言葉になった。

起源については大別して神話説と北方異民族説と政治犯説などが唱えられている。異民族説は高麗に帰化した中央アジア系の韃靼族が政治の混乱に乗じて略奪を繰り返したことや、低位の扱いを受けていた朝鮮族などが差別を受けるようになったのが白丁の起源であるとされているという説である。ほかに、杜門洞七二人忠臣たちの志操説、楊水尺から始まった説がある。

朝鮮半島で白丁が受けた身分差別は、以下のようなものである。

・族譜を持つことの禁止。
・屠畜、食肉商、皮革業、骨細工、柳細工（編笠、行李など）以外の職業に就くことの禁止。
・常民との通婚の禁止。
・日当たりのいい場所や高地に住むことの禁止。
・瓦屋根を持つ家に住むことの禁止。
・文字を知ること、学校へ行くことの禁止。
・他の身分の者に敬語以外の言葉を使うことの禁止。
・名前に仁、義、禮、智、信、忠、君の字を使うことの禁止。
・姓を持つことの禁止。
・公共の場に出入りすることの禁止。
・葬式で棺桶を使うことの禁止。
・結婚式で桶を使うことの禁止。

・墓を常民より高い場所や日当たりの良い場所に作ることの禁止。
・墓碑を建てることの禁止。
・一般民の前で胸を張って歩くことの禁止。

あとがき

日本人は性善説を持つ。それゆえ、八紘一宇とか五族協和の精神が生まれてくる。島国育ちの日本人には弱肉強食の大陸民族の生存則を理解できない。大陸では侵略する側が善であり、絶滅した民族の正義など通用しない。負けた民族が悪いのであって、侵略されるのが嫌なら武力を蓄え、侵略する側に回れということである。大陸では侵略される側が悪いのであって、侵略することは犯罪ではない。それが大陸で民族が生き残るためのルールである。

八紘一宇、五族協和という情けを大陸民族にかければ、尻の毛一本残らず毟り取られるのが落ちである。大日本帝国の大失策はそこにあった。明治維新以来有色人種の解放と自立を目指して日清日露の戦いを完遂し、最後には大東亜戦争まで発動して世界中の有色人種を解放し、人種平等を実現した。宿敵だった米国大統領まで黒人にした。しかし、その一方で支那、朝鮮半島、ロシアという貧しき大陸国家について、我々日本人の認識は甘すぎたということを認めざるを得ない。

貧しき大陸民族に情けなどかけたら、止めどなく財貨を要求される。それを断ると、今度は強請集りをしてでも毟り取ろうとする。それも拒否すると、戦争を起こしてでも奪い取ろうとする。豊饒《ほうじょう》の海であり豊饒の山に生まれ育った日本人から見れば、なんとも悍ましい連中であるが、それが貧乏大陸国家の常識なのである。

韓国人などは世界で一番八紘一宇の恩恵にあずかったにもかかわらず、今度は援助されたのが不本意であると日本を〝敗戦白丁〟扱いして強請集る。恩義ある国家に対して「恩義を与えたお前が悪い、賠償せよ」と開き直ってまで毟ろうとする。なんとも浅ましく、さもしい。それが支那人であり、韓国人であり、ロシア人なのである。ひもじくなったら盗みに行けばよいとするのが支那韓鮮ロシアなどの貧乏大陸国家である。

よく、ロシアの外交官が北方領土について「戦争の結果ロシア領となったのだから、領土返還などあり得ない」と口にする。戦争で奪い取ったものはどんなにそれが不当なる手段で奪ったものであっても、奪取した方に正義があると言っているのだ。また同時に、どうしても取り返したかったら、戦争で取り返せとも言っている。それがユーラシア大陸の常識であると言っているのである。

八紘一宇と五族協和という概念は、周囲を天然の要害といえる海に囲まれ、しかもその海は暖流の黒潮と寒流の親潮がぶつかり合う地球上で最も魚種漁獲の多い海であり、モンスーン気候の北端に位置して多量の降雨に恵まれ、水田稲作が容易な日本列島に住む日本人だからこそ育むことのできる概念である。何不自由なく育った民族だから、他民族に対して寛容になれるのだ。ひもじく殺伐たる環境に育った民族は他者から盗み取ることしか考えない。それが欧米白人であり、支那韓鮮ロシア人である。

東南アジアのようにモンスーン気候で米が年に三回も採れ、ジャングルへ行けば動物性タンパクも捕獲でき、河では大きなナマズが捕れるような地域に育った人々であれば、与えられた施しに素直に感謝する余裕もできるであろうが、支那韓鮮ロシア人などは施しすら強請のネタにしようという浅ましさである。

ロシア人にはまだロシア正教という道徳的縛りがあるから、外交問題においても道徳性・倫理性を問うことは可能ではあるが、支那韓鮮は儒教の国であり、道徳観・倫理観を外交に求めるのは困難である。儒教には神も仏も、浄土や天国、地獄も存在しない。あるのは現世の利益と子孫の繁栄、利己主義のみである。

我々日本人は個人レベルでも韓国を拒否しなくてはならない。具体的には、

1　韓国製品は不買とし、韓国への旅行を控える。
2　韓国製のテレビドラマ映画などコンテンツの視聴を拒否し、テレビ局に抗議する。
3　韓国ドラマにスポンサー企業がついていたら、その企業に抗議の意思表示をし、不買運動を起こす。
4　日韓議員連盟参加議員には投票しないどころか、落選運動を起こす。
5　韓国企業へ部品を供給している企業の製品とその企業の部品を使用している日本企業については不買運動を起こす。
6　もしも韓国商品を購入する友人がいたら不買を説得する。

7　やむなく韓国人と接せざるを得ないときは、終戦の引き揚げ時に朝鮮半島で行方不明となった十万人以上の日本人の消息について問いただす。

8　終戦時行方不明者の存在を暴露するポスターを制作し、人目に触れるところに掲示する。

9　終戦時行方不明者の消息を追求する民間団体を立ち上げ、韓国政府に対し調査と賠償を要求する。

以上、韓国対処法について記した。韓国からの我々日本人に対する嫌がらせは我々日本人が怒りの行動を示さない限り永遠に続くであろう。なぜなら彼らは日本人を敗戦白丁扱いしているからである。

大東亜戦争を発動することにより世界中から奴隷制度、人種差別を根絶させたのは我々日本人である。信じられないことに韓国人はその日本人を敗戦白丁にしようとしているのである。これは米国から奴隷制度を排除したリンカーン大統領を自宅の奴隷に使おうと試みるようなものである。開いた口が塞がらないとはこのことを言うのではないだろうか。あきれ果てた行動であるが、その馬鹿さ加減に気づかないのも韓国人の習性なのである。

韓国人は米国など白人国家に「慰安婦像」を建て、日本人を貶めているわけであるが、ここで一つ疑問が生じる。有色人種である韓国人が戦前「白人国家において勝手に銅像など建てられたのであろうか」という疑問である。戦前の米国においては黒人差別の廃止を訴えるモニュメントですら設置は不可能であった。たとえ建設しても、たちまち白人に打ち壊されるに決まっているからである。

大東亜戦争は世界に蔓延《はびこ》っていた人種差別、奴隷制度、植民地主義、白人優越主義を崩壊させた。その結果、南アフリカと米国に黒人大統領を誕生せしめた。

今日、韓国人が慰安婦像を米国に建てることができるのは大東亜戦争で英霊たちが白人軍と熾烈な戦いを勝ち抜き、アジア各国を独立させたからである。その恩ある英霊たちを韓国人は性的変質者であったなどと罵倒するだけではなく、英霊たちとともにアジア解放の志に燃え、生死を共にした日本・台湾人慰安婦たちをも貶めているのである。

日本人はそろそろ堪忍袋の緒を切り、朝鮮半島における国家の消滅を世界に訴えるべきである。自己統治能力に欠ける民族に独立国家を持たせれば、近隣諸国が多大な迷惑を被り、その被害は時によって近隣国の安全保障にまで及ぶ。

我が国は自国の安全保障のため、朝鮮半島における独立国家の存在を拒否し、国連による半島管理に移行せしめることを要求すべきである。もし、それが受け入れられないのであれば、イスラエルがそうであるように、日本も核武装を実現したうえで重武装国家として再出発することを宣言すべきである。それに対して同盟国である米国が反対するのであれば、日米同盟の放棄もあり得ると米国に通告すべきである。

日本人を白丁以下の身分に貶めようとする韓国人には怒りを持って反撃しなくてはならない。

安濃豊（あんの　ゆたか）

昭和26年12月8日札幌生れ。北海道大学農学部農業工学科卒業。

農学博士（昭和61年、北大農学部より学位授与、博士論文はSNOWDRIFT MODELING AND ITS APPLICATION TO AGRICULTURE「農業施設の防雪風洞模型実験」)。

総理府（現内閣府）技官として北海道開発庁（現国土交通省）に任官。

昭和60年、米国陸軍寒地理工学研究所研究員、ニューハンプシャー州立大学土木工学科研究員。平成元年、アイオワ州立大学（Ames）航空宇宙工学科客員研究員（研究テーマは「火星表面における砂嵐の研究」)、米国土木工学会吹雪研究委員会委員。平成6年、NPO 法人宗谷海峡に橋を架ける会代表。平成12年、ラヂオノスタルジア代表取締役、評論家、雪氷学者、ラジオパーソナリティー。

主な著書に『大東亜戦争の開戦目的は植民地解放だった』（展転社）がある。ほかに著作英文学術論文20本、和文学術論文5本、小説単行本2冊、雑誌北方文芸2編。

絶滅危惧種だった大韓帝国

朝鮮半島を国連信託統治とせよ

平成三十年七月二十日　第一刷発行

著　者　安濃　豊
発行人　藤本　隆之
発　行　展　転　社

〒101-0051　東京都千代田区神田神保町2-46-402
TEL　〇三（五三一四）九四七〇
FAX　〇三（五三一四）九四八〇
振替〇〇一四〇―六―七九九九二

印刷　中央精版印刷

定価［本体＋税］はカバーに表示してあります。

ISBN978-4-88656-463-4